한 가지 일에 헌신된 사람,
하나님에 대한 끊임없는 열정으로
그 누구보다도 나를 도전하고 격려하는
고마운 친구 마이크 비클에게
이 책을 바칩니다.

ONE THING

샘 스톰스 지음 | 이재진 옮김

추천사

우리의 지속적인 기쁨의 근원과 이유에 대해 깊이 생각할수록, 샘 스톰스가 옳다는 것을 더욱 확신하게 됩니다. 그것은 바로 하나님의 아름다움입니다. 우리는 그분의 모든 선물 안에서 하나님을 볼 수 있습니다. 특히 우리는 복음 안에서 그분을 보아야 합니다. 자연 세계를 보는 동안 우리의 눈은 아름다운 빛의 근원으로 향하게 됩니다. 샘 스톰스의 성경적인 인도를 받아 하나님의 아름다움의 형상이신 그리스도의 보물로 당신의 마음을 깨우십시오.

존 파이퍼
Desiring God Ministries 설립자, 베들레헴 대학 & 신학대학원 총장이 책은 개혁주의 신학자가 쓴 하나님의 아름다움에 대한 책입니다. 그 아름다움을 그토록 보기 열망했던 다윗이 쓴 시편 구절을 제목으로 붙인 이 책을 처음 본 순간 단숨에 읽었습니다. 저자로 하여금 이 주제에 관심을 갖게 하여 그의 삶을 완전히 바꿔 놓을 정도로 막대한 영향을 끼친 사람은 조나단 에드워즈입니다. 에드워즈의 영향으로 존 파이퍼의 삶도 영원히 변화되었습니다.

책을 읽으면서 저자가 강조하는 하나님을 갈망하고 찬양하는 것이 신앙인들이 놓치지 말아야 할 핵심적인 요소라는 확신이 들었습니다. 또한 현재 우리 교회에서 진행 중인 사역에도 필수적이라는 생각이 들었습니다. 영문판을 보고 순전한나드에 출간을 제안한 입장에서 매우 기쁜 마음으로 이 책을 적극 추천합니다.

여주봉
포도나무교회 담임목사

목차

4 · 추천사

chapter 1 기독교 만물 이론 ································ 8
chapter 2 우리가 추구해야 하는 기쁨 ············· 32
chapter 3 아름다움의 힘 ······································ 58
chapter 4 헨델이 본 것 ·· 86
chapter 5 은하계의 장엄함 ································ 112
chapter 6 미세한 위엄 ·· 140
chapter 7 모든 즐거움보다 더 감미로운 ········ 166
chapter 8 하나님께 반하다 ································ 196
chapter 9 영원히 증가하는 기쁨 ······················ 222

251 · 에필로그
257 · 주

chapter 1

기독교 만물 이론

이는 만물이 주에게서 나오고

주로 말미암고 주에게로 돌아감이라

그에게 영광이 세세에 있을지어다 아멘

(롬 11:36)

1723년 여름, 열아홉 살에 불과한 청교도 목사 조나단 에드워즈는 내 인생을 영원히 바꿔 놓는 말을 했다. 그는 놀라울 정도로 말랐고, 가끔 가발을 쓰기도 했으며, 지옥의 공포를 생생하게 묘사한 것으로 알려져 있다.

짧은 설교 가운데 그는 긴 연설이나 복잡한 논문이 아닌 간결하고 신랄한 주장이 인간의 영혼에 엄청난 힘을 발휘한다는 사실을 증명했다. 그의 주장들은 놀라울 정도로 용기를 주기도 하고, 이기적인 사람들로 하여금 이루 다 말할 수 없는 희생을 하게 만들기도 한다. 그의 설교는 미움을 사랑으로 바꿀 수 있지만, 안타깝게도 사랑을 증오로 바꿀 수도 있다. 또 때로는 역사의 흐름을 바꾸기도 한다.

에드워즈의 말이 가진 영향력이 얼마나 대단했는지 말로 표현하기 어렵다. 그의 설교는 내 삶 전반에 커다란 영향을 끼쳤다. 그때까지 하나님이 기뻐하신다고 여기던 것과 그분이 나에게 원하신다고 여기던 것이 완전히 바뀌었다. 성경을 읽는 것이 지루한 훈련이라기보다는 마음이 따뜻해지는 모험이 되었다. 나는 내가 기독교적이라고 생각했던 것들을 상당 부분 버리고, 원점에서 다시 시작해야 했다. 나의 가치관은 완전히 뒤집혔다. 나는 예배의 동기뿐 아니라 방법까지 버리고, 다시 시작했다. 세상과 사람, 삶의 궁극적인 목적을 바라보는 관점을 대대적으로 점검해 보게 되었다.

이것은 〈피플〉(People)지나 드라마 에피소드에서 접해 본 적 있는 그런 종류가 아니다. 내가 말할 수 있는 것은, 그것이 익숙한 것이 아니었다는 것이다. 그것을 처음 읽는다면, 내가 왜 그 진리에 대해 그리고 우리가 생각하고, 느끼고, 살아가고, 예배하고, 기도하고, 다른 사람과 관계를 맺는 방식을 변화시키는 그 능력에 대해 이렇게나 열정적인지 의아해할 것이다. 그것은 성경에서는 찾아볼 수 없지만, 완전히 성경적인 것이다.

· ·

하나님을 영화롭게 하는 것은 무엇인가? 그분이 나타내신 영광을 기뻐하는 것 아닌가? 단지 하나님의 완전하심을 이해하는 것이 창조의

---

chapter 1
기 독 교 만 물 이 론

목적이 될 수는 없다. 그것을 보고도 전혀 기뻐하지 않는 것보다는 차라리 이해하지 않는 편이 낫기 때문이다. 창조의 가장 중요한 목적 또한 다른 사람에게 하나님의 영광을 선포하는 것이 될 수 없다. 하나님의 영광을 선포하는 것은 우리 자신과 다른 사람들에게 기쁨을 주는 것 외에는 아무 소용이 없기 때문이다.[1]

처음에는 문체가 매끄럽지 않을 수도 있지만, 다시 한번 읽어 보라. 이해를 돕기 위해 현대적인 표현으로 풀어 보겠다.

. .

하나님은 우주에서 가장 하나님 중심적인 존재이시다. 그분은 자신에 대한 사랑에 사로잡혀 계시고, 자신의 아름다움에 무한히 경탄하고 계신다. 기쁨으로 송축하고 싶은 이 열망이 바로 당신과 내가 존재하는 이유다. 우리가 하는 일이 오직 하나님을 생각하는 것뿐이라면, 설령 우리가 옳은 생각을 하더라도 아예 생각하지 않는 편이 더 낫다. 우리가 생각하는 것을 다른 사람들에게 말하는 것은 더욱 좋지 않다. 우리가 하나님을 생각하고, 그것을 다른 사람에게 이야기하는 이유는 우리 모두가 하나님을 아는 것을 좋아하고, 그렇게 위대하신 하나님이 실제로 우리 하나님이시라는 사실을 기뻐하기 위해서다.

하나님의 영광 안의 기쁨

하나님을 영화롭게 하는 것이 인생의 목적이 아니라면, 당신은 이 책을 읽지 않을 것이다. 우리는 그것에 대해 길게 이야기하지 않는다. 그러나 예수님을 따르는 사람들에게 삶의 의미나 존재의 이유를 정의해 보라고 하면, 결국 그들은 자신이 무엇을 하고, 왜 하는지에 대한 설명으로 하나님의 영광에 대한 견해를 갖게 된다. 기독교인으로서 다른 대답을 하는 것은 상상할 수 없다. 이에 대한 성경적 근거로 보통 다음 본문을 인용한다.

> 그런즉 너희가 먹든지 마시든지 무엇을 하든지 다 하나님의 영광을 위하여 하라 (고전 10:31)

> 교회 안에서와 그리스도 예수 안에서 영광이 대대로 영원무궁하기를 원하노라 아멘 (엡 3:21)

> 영원하신 왕 곧 썩지 아니하고 보이지 아니하고 홀로 하나이신 하나님께 존귀와 영광이 영원무궁하도록 있을지어다 아멘 (딤전 1:17)

그러나 이렇게 말하는 이들 대부분은 하나님을 영화롭게 한다는 것이 빈 껍데기에 불과하다. 그들에게 그것이 무엇을 의미하는지, 실제로 그것을 어떻게 하는지 설명해 달라고 하면, 엉뚱한 핑계를 대며 서둘러 자리를 뜨는 모습을 보게 될 것이다.

하나님을 영화롭게 하는 것은 복음주의권의 주문 같은 것이 되었다. 만약 그것을 상당히 자주, 꽤 영적으로 보일 정도로 확실하게 말할 수 있다면, 일상적인 문제들이 사라져야 할 것이다. 나는 이런 사람들이 위선자라고 말하는 것이 아니다. 마치 그들이 그렇게 할 생각도 없으면서 하나님을 찬양한다고 공언하는 것처럼 말이다. 위선자는 영적 실체가 없는 사실을 종교적인 경건으로 위장하여 다른 사람들에게 깊은 인상을 주고 싶어 한다. 하지만 대부분의 진실한 기독교인들은 하나님을 영화롭게 하는 삶이 어떤 것인지 가르침 받거나 생각해 볼 기회가 거의 없기 때문에 모르고 있을 뿐이다.

그래서 우리는 기독교인들 사이에서는 피조물이 하나님의 영광을 위해 존재한다는 것에 대하여 적어도 말로는 합의한다고 가정할 것이다. 하지만 그것은 단지 시작에 불과하다. 우리는 지금 훨씬 더 중요한 문제에 직면해 있다. 그분은 어떻게 우리 안에서 가장 높임을 받으시는가? 하나님의 영광은 어디서, 어떤 방식으로 가장 분명하게 드러나는가? 어떤 메커니즘이나 수단으로 그분께 합당한 영광을 돌릴 수 있는가?

나는 하나님에 대한 지식과 경험이 경쟁적 관계에 있는 모든 쾌락을 태워 버리고, 오직 그분만이 우리에게 소중한 보물이 될 때에 우리 안에서 가장 크게 영광을 받으신다는 것이 성경의 일관된 답변이라고 믿는다. 조나단 에드워즈는 다음과 같이 말하였다.

> 하나님은 영광이 나타나는 것뿐만 아니라 우리가 그것에 기뻐할 때, 영화롭게 되신다. 그 영광을 보기만 할 때보다 그것을 보고 기뻐할 때, 더 영화롭게 되신다. 하나님은 그분과 소통할 세상을 만드셨고, 피조물은 그분의 영광을 … 생각과 마음으로 받아들인다. 하나님의 영광에 대해 안다고 증언하는 사람은 그것을 인정(즉, 마음에서 우러나온 칭찬이나 찬양)하고 기뻐하는 것을 나타내는 사람만큼 그분께 영광을 돌리지 못한다.[2]

하나님의 본성을 이해하는 것은 중요하지 않다는 말이 아니다. 당연히 중요하다! 신학적으로 무지한 것이 적어도 우리를 올바른 방향으로 인도하는 데 도움이 되지는 않는다. 진리에서 비롯되지 않은 즐거움은 언제나 우상숭배나 과대망상으로 이어진다. 우리가 누리는 하나님을 모르면, 결국엔 잘못된 신을 섬기게 된다! 하지만 지식만으로는 충분하지 않다. 하나님의 영광을 다른 사람에게 선

chapter 1
기 독 교 만 물 이 론

포하는 것도 중요하다.

그러나 다시 말하지만, 우리의 존재에는 훨씬 더 근본적인 것이 있다. 신학적 정확성 자체가 목적이라고 믿도록 양육받은 복음주의자들에게 이것은 삼키기 어려운 알약과 같을지도 모른다. 기독교 신앙을 복종시켜 온 사람들에게는 이것이 방자하게 들릴 수도 있다.

요점은 단순히 지적으로 하나님을 이해하는 것이 아니라 열정적이고 즐겁게 찬양하는 것이 우리 존재의 목적이라는 것이다. 하나님이 우리 안에서 최고의 영광을 받으시려면, 우리가 그분과 그분이 우리를 위해 예수님 안에서 행하신 일에 최고의 기쁨을 느끼는 것이 매우 중요하다. 여기에 당신이 하나님의 아름다움의 계시를 즐기고 기뻐해야 하는 이유가 있다.

행복을 위해 지음 받다

에드워즈의 설교를 인용하여 이 문제를 풀어 보겠다. 그는 '이 땅의 어떤 것도 천국의 영광을 나타낼 수 없다'는 설교에서 다음과 같이 숨 막히는 주장을 한다. "하나님은 오직 행복만을 위해 인간을 창조하셨다. 그분은 단지 행복을 주시기 위해 인간을 창조하셨다."[3] 이것은 우리가 배워 온 모든 것에 반하는 것처럼 보인다. 하나님께서 자신의 영광을 위해 우리를 창조하셨다면, 어떻게 우리의 행복을 위해 우리를 창조하실 수 있는가? 이 둘은 충돌하는 것처럼 보인다. 원리주의자들은 전자를, 자유주의자들은 후자를 지지하지 않는가? 누가 감히 두 가지 모두 긍정하겠는가?

사실 이것들은 상호배타적인 주장이 아니다. 하나님은 그 아들의 영광과 구원에서 흘러나오는 기쁨으로 우리를 넘치게 하심으로 영광받으시기 위해 우리를 창조하셨다. 따라서 우리가 창조된 목적은 단순한 행복이 아니라 하나님의 탁월함을 바라보며 행복하기 위함이다. 자신을 성취하려는 것이 아니다. 건강한 자신감이나 큰 집과 좋은 차를 소유하기 위함도 아니다. 하나님은 모든 희락의 근원이시다.[4) 그분은 우리에게 와서 마시라고 명하신다!

안타깝게도 오늘날 많은 기독교인들이 이 진리와 상관없이 살아가고 있다. 그들은 기쁨을 거부하지는 않지만, 그것을 필요 이상으로 의심한다. 문제는 이들이 하나님의 아름다움을 망각하고 있다는 사실이다. 그보다 더 심각한 것은 이들이 그것을 지루해한다는 것이다. 그들에게 하나님은 실재하시는 분이다. 그들은 무신론자가 아니다. 다만 하나님이 실제적으로 중요하지 않을 뿐이다. 하물며 그분을 송축하는 것은 더할 것이다. 그렇기 때문에 삶이 힘들고 절망이 밀려올 때, 그들의 마음속에 (그들이 조금이라도 하나님을 생각한다면) 먼저 하나님이 들어오시지 않는다. 대부분의 사람들이 본능적

chapter 1
기 독 교 만 물 이 론

으로 고통을 진정시키거나 그들의 영혼에 불꽃을 일으키려 한다.

그 이유는 어렵지 않게 알 수 있다. 인간의 영혼은 본능적으로 지루함을 원하지 않는다. 우리는 하나님의 영광의 계시가 주는 즐거움을 누리도록 지음 받았다. 우리는 그분의 선하심이 드러날 때, 매료되도록 만들어졌다. 우리는 그리스도의 부드러운 자비가 주는 달콤함, 그 행복을 누리기 위해 지음 받았다. 그것은 전혀 지루하게 들리지 않는다!

행복의 정의

행복은 폭발적이고 위험한 단어다. 만약 이것에 대해 신중하게 정의를 내리지 않는다면, 이 책이 십자가의 희생을 깊이 없는 자기 성취로 바꿔 버리는 책들과 다를 바 없다고 생각하게 만들 수도 있다.

내가 말하는 행복은 육체적 편안함이나 높은 연봉, 정서적 안정, 성적인 만족, 또는 세속적 성취와 같은 것이 아니다. 그렇다고 이런 것들이 본질적으로 잘못됐다는 말이 아니다. 제대로 된 위치에 있기만 하다면, 하나님이 베풀어 주신 자비일 수도 있다. 하지만 이런 것들이 행복의 기초가 된다면, 큰 실수를 범하게 된다. 감사한 것들이기는 하지만, 그것들이 없어도 행복할 수 있다.

우리가 영원히 누리게 될 행복은 하나님 안에서 최고의 황홀경을 경험하고, 그것이 겉으로 드러나는 영혼의 상태다. 행복은 온 영혼이 하나님 안에서 안식하며, 그토록 아름답고 영광스러운 존재가 우리 안에 계심을 기뻐하는 것이다. 행복이란 하나님의 은혜로 누릴 수 있는 특권으로, 그분을 영원히 소중히 여기는 것이다. 나는 지금 성부와 성자와 성령의 행복한 연합에서 오는 끝없는 기쁨에 대해 이야기하는 것이다. 이것은 어떤 박해나 고통, 박탈에도 약화되지 않고, 부나 성공이나 번영이 증가시킬 수 없는 초월적 기쁨이다. 빌립보서 4장 11절에서 바울이 역경이나 풍요와 상관없이 그리스도 안에서 만족하는 것에 대해 말하며 염두에 둔 것이 바로 이것이다.

모든 사람은 행복을 추구한다. 우리 모두는 삶의 즐거움을 최대화하고, 고통을 최소화하기 위해 최선을 다하고 있다. 많은 사람들에게 삶은 불편함을 최소화하기 위한 치열한 노력에 지나지 않는다. 그 과정에서 어떤 이들은 기쁨을 찾을 수 있을 것이라는 실낱같은 희망을 붙잡고 있다. 우리는 돈과 마약, 초콜릿, 그리고 온갖 기능을 갖춘 SUV가 신이 할 수 없는 일을 할 수 있다는 거짓말에 속지 말아야 한다.

내가 이 책을 쓰는 한 가지 목적은 예수님 안에서 기쁨을 구하는 것이 지극히 합당하고, 현세는 물론 영원한 안녕에 하나님의 아들을 누리는 달콤함만큼 합당하고 좋은 것이 없다고 설득하려는 것이다.

당신은 변호사나 교사, 노동자, 축구 선수로 지음 받은 것이 아니다. 그러한 직업은 생계를 유지하기 위해 하는 일일 뿐, 그 자체가 인생을 사는 이유는 아니다. 당신은 예수 그리스도 안에서 하나님의 영광이 드러나는 것을 보고 기뻐하도록 지음 받았다. 에드워즈는 그의 첫 설교에서 다음과 같이 말했다.

> 사랑하고 순종하는 것, 사랑하고 경배하는 것, 무한한 존재이시며 가장 좋은 존재이시고 영원하신 여호와 하나님을 송축하고 찬양하는 즐거움, 예수 그리스도를 신뢰하고 그분의 아름다움과 탁월함과 영광을 묵상하는 기쁨, 우리를 향한 그분의 사랑을 묵상하며 그분의 무한한 선하심과 놀라운 자비로우심을 묵상하는 것, 세상의 창조주이자 통치자이신 하나님과 대화하는 가운데 누리는 성령의 교통하심의 즐거움, 우리의 의무를 합당하고 훌륭하게 행함으로 얻는 기쁨 … 이것이야말로 인간처럼 고귀한 피조물에게 합당한 기쁨입니다.[5]

이러한 혁명적인 개념은 에드워즈나 그가 대표하는 개혁주의 전통에만 국한되지 않는다. 감리교의 창시자인 존 웨슬리도 동일한 결론을 내렸다.

..

당신이 세상 끝까지 추구해야 할 한 가지 목표는 지금 그리고 영원토록 하나님을 즐거워하는 것이다. 사람들이 이렇게 되기까지는 다른 것들을 바라라. 피조물을 사랑하라. 그러면 창조주께 나아가게 된다. 그러나 모든 걸음마다, 이것이 당신의 관점을 한정하는 영광스러운 지점이 되게 하라. 모든 관심과 생각, 말과 행동이 이것에 순복하게 하라. 당신이 무엇을 원하고 두려워하든, 무엇을 구하고 꺼리든, 무엇을 생각하고 말하고 행하든, 하나님 안에서 당신의 행복에 적절한 것이 되게 하라. 이것이 당신이 존재하는 유일한 목적이자 근원이다.[6]

웨슬리의 요점은 틀림없다. 우리의 존재 목적은 하나님을 누리는 것이다! 우리의 욕망, 관심, 하는 일, 우리가 말하고 행하는 모든 것, 사랑하고 싫어하는 모든 것이 이 하나의 기준으로 평가되어야 하며, 하나님 안에서 행복이라는 하나의 목적에 종속되어야 한다.

열정적으로 쾌락을 추구하는 것이 당신의 선택이 되어서는 안 된다(이것에 대해서는 2장에서 자세히 다룰 것이다). 당신에게는 어디를 보고, 누구를 사랑하고, 누가 제공하는 기쁨을 받아들일 것인지에 대한 선택지만 있다. 세상은 모든 수단을 동원해서 당신의 마음을 얻으려 할 것이다. 나는 최근에 극장에서 이것을 온전히 경험하였다.

나는 영화 〈루터〉(Luther)를 보기 위해 영화관에 30분 정도 일찍 도착했다(영화는 16세기 개혁가에 대해 상당히 정확하게 묘사하였다). 번쩍이는 스크린에는 순진한 사람들의 영혼에 가해지는 무자비한 공격이 이어졌다. 미국의 기업들은 교회가 아직 완전히 파악하지 못한 인간의 영혼에 대해 잘 알고 있는 것 같다. 사람들은 지루한 삶에 흥분과 에너지를 가져다 줄 무언가를 절실히 원하고 있고, 대부분은 그것을 얻기 위해 아무리 고통스럽거나 혹독한 대가를 치르게 되더라도 기꺼이 감당한다.

공상과학, 판타지, 액션, 공포, 로맨스, 코미디, 스포츠, 화려한 뮤직비디오, 그리고 심지어 교회의 웹사이트까지 화려한 광고들과 개봉 예정작들이 삶의 문제에 시원한 해결책을 제시하거나 관객들의 영혼을 만족시킬 것처럼 현혹하였다. 이 모든 것은 값싸고 공허한 쾌락으로 인간의 영혼을 유혹하는 전 세계적인 음모의 생생한 축소판이었다.

당신은 따분함, 탈진, 성욕, 탐욕, 야망에 얽매이는 것이 아니라, 예수님을 앎으로 비교할 수 없는 기쁨과 즐거움을 누리기 위해 창조되었다. 그분 안에서 당신은 하나님께서 그분의 영광을 위해 경험하도록 창조하신 삶을 변화시키고, 갈증을 해소하며, 영혼을 만족시키시는 기쁨을 누리게 될 것이다.

무관심주의(Apatheism)

'무신론'(atheism)을 말하는 것이 아니다. 나도 이 단어를 몇 달 전에 처음 들었다. 무관심주의는 이 책이 다루고자 하는 모든 삶의 접근 방식과 철저하게 대조를 이루기에 한 번 살펴볼 필요가 있다.

얼마 전에 서점을 둘러보다가 〈애틀랜틱 먼슬리〉(Atlantic Monthly) 2003년 5월호를 집어 들었다. 34쪽에서 자신을 '회개하지 않는 무신론적 유대인 동성애자'로 소개한 조나단 라우흐는 '무관심주의'를 "자신의 종교에 관심 갖는 것을 꺼리고, 다른 사람의 종교에 신경 쓰는 것은 더 싫어하는 것"으로 정의했다. 라우흐에 의하면 무신론자는 종교에 깊은 관심을 갖고 있지만, 복음주의와는 정반대 개념이다. 반면 '무관심주의자'는 다른 사람의 종교, 특히 자신의 종교에 전혀 신경을 쓰지 않는다.

라우흐는 이 무관심주의가 9·11을 일으킨 종교적 열심뿐만 아니라, 종교에 대한 사람들의 반응에 활력을 불어넣은 종교적 열망에 대한 해답이라고 믿는다. 그럼에도 '무관심주의'는 쉽게 다가오지 않는다. 우리는 종교적 게으름에 대해 이야기하는 것이 아니다. '무관심주의'는 사람의 영적인 열망을 다스리기 위해 단련된 단호한 노력의 결과물이다. 무관심주의자들은 무신론자, 불가지론자,* 심지어 교회에 다니는 신자일 수도 있다. 중요한 것은 "그들은 경건한 열정에 지배당하지도 않고, 다른 사람들의 (비폭력·비강압적) 종교적 믿음에 대해 관심을 갖지도 않는다"는 사실이다. 라우흐는 미국 사회에서 무관심주의자가 늘어나고 있는 것에 열광하고 있다.

당신은 이 책에서 이러한 무관심주의를 타파하려는 집중적인 시도를 보게 될 것이다. 나는 영적인 열정을 불러일으키고 싶다. 당신의 영혼에 남아 있는 불꽃에 최대한 많은 기름을 붓고 싶다. 나는 하나님께서 그분의 형상으로 당신을 만드셨을 때에 불 붙이신 관심과 열정과 갈망의 불이 다시 타오르기를 소망한다. 당신이 자신의 종교에 깊고 끈질긴 관심을 갖게 되길 바라고, 다른 사람들이 예수님을 조롱할 때에 마음이 상하고 불편하길 바란다.

하나님의 아들 앞에서는 무관심할 수 없다. 그분의 형언할 수 없는 아름다움은 열정적인 헌신이든, 증오든 반드시 반응을 불러일으킨다. 무관심은 예수님이 가까이 오시면 사라진다. 그분을 사랑하든지 경멸하라. 그러나 그분을 용인할 수 있다는 말도 안 되는 소리는 하지 말라. 기뻐서 노래를 부르거나 차라리 멸시하라. 무관

---

* 인간은 신을 인식할 수 없다는 종교적 인식론을 가진 자들로. 이들은 유신론과 무신론을 모두 배격한다.

심은 선택사항이 아니다.

"교회에 다니는 사람들 중에도 무관심주의자의 비중이 상당히 높다"고 한 라우흐의 말은 옳다. 이것은 분명한 사실이며, 참으로 안타까운 일이다. 그러나 하나님은 더 좋은 것, 곧 가슴 뛰는 기쁨과 마음을 뒤흔드는 매력과 예수 그리스도의 아름다움을 즐거워하고 기뻐하는 데서 오는 뜨거운 행복을 위해 당신을 창조하셨다.

기독교 '만물 이론'

물리학자들과 우주학자들은 항상 입자물리학의 아원자* 세계와 초신성과 블랙홀의 은하계 확장 등 모든 것을 아우르며 설명할 수 있는 가설, 소위 '만물 이론'(Theory of everything)을 찾고 있다.

콜롬비아 대학의 물리학 교수이자 수학과 교수인 브라이언 그린은 《우아한 우주》(The Elegant Universe)에서 이렇게 주장한다. "물리학 역사상 처음으로 우주를 구성하는 모든 기본적 특징을 설명할 수 있는 틀을 갖게 되었다."7) 과학자들은 그것을 '끈 이론'이라고 부르는데, 이것에 대해서는 6장에서 자세히 다룰 것이다. 이것

---

* 원자보다 더 작은 입자. 소립자나 원자핵, 양성자, 전자 따위가 있다.

은 우주의 모든 것이 가장 미세한 수준에서 진동하는 끈의 조합으로 구성되어 있다는 이론이다. 그린에 따르면, 끈 이론은 모든 힘과 물질을 포괄하는 하나의 설명 체계를 제공한다고 한다.[8]

문제는 그린과 다른 사람들의 이러한 주장이 과도하다기보다는 충분하지 않다는 것이다! 그린은 끈이 여러 가지 차원에서 물리적 실재를 의미하기 때문에 이 이론에 매료된 것이 분명하다. 하지만 끈은 무엇을 의미하는가? 왜 존재하는가? 우주를 구성하는 모든 기본적 특징들을 설명하는 '끈의 용량'에 대한 것은 과학자들이 옳을지도 모른다. 그런데 왜 끈인가? 그것이 모든 힘과 모든 것을 설명한다면, 그 끈들은 누가 설명하는가? 누가 그것들의 형태와 기능을 설명하는가? 하나님이 하신다!

이 책은 기독교 만물 이론에 관한 것이다. 나의 이론은 모든 것, 그린이 '모든 힘과 모든 물질'이라고 부르는 것이 하나님의 영광을 위해, 하나님의 아름다움을 나타내기 위해 존재한다는 것이다. 다시 한번 말하지만, 쿼크*에서 퀘이사,* 나비에서 야구공까지 모든 것이 창조되고 유지되는 것은, 당신과 내가 하나님의 영광을 보며 즐거워하게 하려는 것이다.

오직 인간만이 하나님의 형상으로 지음 받았다. 오직 우리만

---

* 쿼크 : 양성자, 중성자와 같은 소립자를 구성하고 있다고 생각되는 기본적인 입자
* 퀘이사 : 강한 전파를 내는 성운(星雲)

하나님이 창조하신 작품의 아름다움을 즐거워하고, 그 아들의 인격과 구속 사역에 나타난 자기 계시의 영광을 누리면서 그분을 영화롭게 할 수 있는 능력을 부여받았다.

우리는 이제까지 누구도 할 수 없었던 가장 심오한 질문에 접근하려 한다. 왜 아무것도 없는 것이 아니라 무언가 있는 걸까? 왜 '나'와 '당신' 그리고 '우리'가 있을까? 빌 브라이슨은 《거의 모든 것의 역사》(A Short History of Nearly Everything)에서 하나님이나 원대한 목적에 호소하지 않고 이 질문에 답하려 한다.

브라이슨은 "원자도, 그들이 떠다닐 우주도 존재하지 않던 시대가 있었다. 아무것도 없었다"[9]라고 말한다. 그는 "무에서 무언가를 얻는 것은 불가능해 보이지만, 한때는 아무것도 없다가 지금은 우주가 있다는 사실은 우리가 볼 수 있는 명백한 증거다"[10]라고 인정한다. 브라이슨에게는 영원한 창조주의 존재를 인정하는 것보다 '불가능'과 논리적인 부조리를 주장하는 것이 더 합리적이다. 확신을 가지라!

그리고 당신과 나는 어떠한가? 우리는 왜 '중요한 존재들'인가? 브라이슨의 대답이 고무적이라고 생각하지는 않지만, 한 번 들어보라. "인간의 기나긴 인생도 겨우 65만 시간에 불과하다. 그렇게 평범한 여정이 스치듯 지나가거나, 그 언저리에 이르면 알 수 없는 이유로 당신의 원자들이 활동을 멈추고, 조용히 분해된 뒤 다른 것이 되어 버린다. 이것은 바로 당신을 위한 것이다."11) 당신이 바랄 수 있는 최선은, 그것이 지속되는 동안 존재의 짧은 여정을 즐기는 것이다. 당신은 무에서 나왔고, 무로 가고 있다. 그게 끝이다.

새뮤얼 베켓은 이 관점을 고수하여 1969년에 한 작품을 무대에 올렸다. 그의 35초짜리 희곡 〈숨〉(Breath)은 삶의 무의미함을 표현하는 가장 날카롭고 기이한 시도들 중 하나였다. 이 연극에는 배우가 등장하지 않는다. 영웅도 없고, 악당도 없고, 음모나 전개도 없다. 커튼이 천천히 올라가면, 무대 위에 놓인 쓰레기 더미가 드러나며 시각과 후각을 동시에 불쾌하게 만든다. 아무 말도 없이, 희미한 빛 가운데 날카로운 아기의 울음소리와 숨을 들이쉬는 소리만 들릴 뿐이다. 빛은 잠깐 밝아지다가 어둠 속으로 사라진다. 그리고 노인의 울음소리가 들리다가 숨이 멎으며, 연극은 시작과 동시에 막을 내린다. 그렇게 끝난다.

그것이 삶이고, 그것의 '목적'이다. 어둠 속에서 나타나 고통 속에서 태어나고, 겨우 숨을 쉬며, 쓰레기로 채워진다. 끝은 시작과 같다. 일시적인 호흡, 더 많은 고통, 그리고 어둠으로 돌아가는 것이다.

기독교인들은 왜 아무것도 없는 것이 아니라 무언가 있는지를 다르게 설명한다(그것은 더 좋은 것은 말할 것도 없고, 더 합리적이라고 말할 수 있다). 하나님께서 우리를 만드셨다. 하지만 하나님은 왜 창조를 택하셨을까? 피조물이 하나님께 부족한 것을 채워 줄 것 같아서 필요에 의해 고뇌하신 것은 분명 아니다. 하나님은 당신과 나만이 채울 수 있는 부족함이 있는지 살펴보시다가 갑작스럽게 깨달으신 것이 아니다.

그렇다면 무엇이 하나님을 행동하게 만들었을까? 하나님의 창조 에너지의 원천은 무한하고 영원토록 풍성한 기쁨이었다! 나는 당신도 나만큼 이 사실을 좋아했으면 좋겠다. 하나님은 그분 안에서 끝없이 넘쳐나는 기쁨 때문에 창조하기로 선택하셨다. 다시 말한다. 하나님은 그분 안에서 끝없이 넘쳐나는 기쁨 때문에 창조하기로 선택하셨다.

우리는 하나님께서 자신의 영원한 아름다움을 무한히 기뻐하신다는 인식에서 출발해야 한다. 하나님 아버지께서는 아들 안에 있는 자기 모습을 보시며 이루 헤아릴 수 없이 행복해하신다. 그분은 아들을 바라보시며 자신의 거룩함이 완벽하게 비치는 것을 보신다. 성부는 성자와 성령의 아름다움을 기뻐하시고, 성자는 성령과 성부의 아름다움을 기뻐하시며, 성령은 성부와 성자의 아름다움을 기뻐하신다. 이러한 하나님의 자비롭고 충만한 기쁨은 피조물 가운데 넘쳐난다. 그래서 우리는 하나님을 찬양하며 그분의 영원한 영광을 기쁘게 나눌 수 있다.

하나님께서는 우리를 창조하셔서 그분 안에 있는 기쁨이 우리의 기쁨이 되게 하셨다. 하나님은 단순히 홀로 생각하시거나 말씀하시는 것이 아니다. 그분 자신, 아버지와 아들과 성령으로서 자신의 아름다움을 무한하고 영원무궁하게 기리신다. 그리고 우리는 그 잔치에 참여하도록 창조되었다!

이 책을 쓴 주된 목적은 이 진리를 이해하는 것만큼 중요한 것이 없음을 깨닫게 하려는 것이다. 단순히 지적으로 성장하거나 신학적 호기심을 만족시키거나 영혼의 '무신론'을 극복하기 위해 중요한 것이 아니다. 당신의 현재와 미래의 삶의 질에 중요하기 때문이다. 지구상에 인간이 존재하는 시간은 불과 65만 시간으로 매우 짧다. 하지만 성경에 분명히 밝혀져 있는 '이유' 때문에 죽음 뒤 우리의 원자*는 초자연적으로 '재조합'될 것이다. 우리는 다시 살아나고, 말할 수 없는 영원한 행복을 위해 영화롭게 될 것이다!

이 만물 이론이 사실이고, 우리가 하나님의 창조적 계획과 그것이 우리의 모든 세포와 조직에 어떤 영향을 미치는지 계속 모른다면, 예수님이 죽으시고 부활하셔서 전해 주신 생명의 풍성함(요 10:10)을 경험할 수 없을 것이다.

하나님의 아름다움을 만끽하고 기뻐하는 것만으로 우리의 존재 이유가 설명된다. 그것은 또한 죄와의 투쟁에 대한 해결책이기

---

* 물질의 기본적 구성 단위

도 하다. 하나님을 즐거워하는 것이 실질적이고 지속적인 변화의 촉매제이며, 영혼의 유일한 만족이다. 이보다 더 큰 기쁨은 없다. 하나님을 영화롭게 하고 그분을 영원히 누리는 것, 이것이 기독교의 만물 이론이다.

당신이 설득력 있는 만물 이론은커녕 즐거움 자체를 의심한다면, 하나님에 대한 기쁨을 정당한 열망으로 받아들이기는 어려울 것이다.

이어서 2장에서는 기독교 쾌락주의로 알려진 삶의 철학을 간략하게 설명할 것이다. 기독교 쾌락주의에 의하면, 하나님을 발견할 뿐만 아니라 그분을 기뻐하는 것이 우리 존재의 기초이기에 모든 의사 결정에 결정적인 역할을 한다.

3장부터 6장에서는 당신이 예상한 것과 달리 창조와 구원 가운데 형언할 수 없는 아름다움을 다양하게 드러내시는 하나님께 초점을 맞출 것이다.

이어서 7장과 8장은 실질적인 결론이자 결정적인 내용으로, 거룩한 아름다움의 경험을 촉진시키는 힘에 대해 설명할 것이다. 그리고 9장에서는 하나님 안에서 우리의 기쁨이 완전해짐에 대해 이야기하며 마무리할 것이다.

9·11 이후 우리는 전혀 다른 세상에 살고 있다. 애국심은 잠시 동안 우리에게 활력을 주었다. 심지어 한동안 예배 출석률이 높아

지기도 했다. 하지만 정직한 사람들은 냉소주의와 두려움이 종종 삶의 방식을 결정한다는 것을 인정할 것이다. 그리고 그것이 쉽게 바뀌지 않을 것이라는 생각에 두려워한다.

우리의 유일한 희망은 우리의 영혼을 하나님의 궁극적인 창조적 계획과 일치시키는 것이다. 이를 위해 우리는 그분을 즐거워해야 한다. 하지만 하나님을 즐거워하기 위해서는 그분을 알아야 한다. 그러므로 이제 시작하겠다.

chapter 2

우리가 추구해야 하는 기쁨

너희는 여호와의 선하심을 맛보아 알지어다

그에게 피하는 자는 복이 있도다

(시 34:8)

    나는 기독교 쾌락주의자다. 내가 이런 용어를 사용하는 것을 이상하게 여기거나 불편해하는 사람도 있을 것이다. 그래서 먼저 이것에 대해 설명하고자 한다. 나는 쾌락주의자다. 왜냐하면 만족이나 쾌락은 아무리 원해도 다함이 없다고 믿기 때문이다. 또 나는 기독교 쾌락주의자다. 왜냐하면 그런 만족과 쾌락이 하나님 안에, 그분이 예수님 안에서 우리를 위해 두신 모든 것 가운데 있다고 믿기 때문이다.

    더 나아가 우리의 영적 욕구를 충족시키는 것에 지나친 것은 없다고 말하고 싶다. 하나님은 우리에게 제한을 두지 않으신다. 그분을 누리고자 하는 일에는 절제의 규칙이나 우리가 넘을 수 없는 적정선 또는 한계가 요구되지 않는다. 우리가 혹시라도 선을 넘었는지, 또는 도를 넘을 정도로 방종한 것은 아닌지 염려할 필요가 없다. 하나님을 너무 좋게 느끼는 것을 두려워할 필요는 없다.

그렇다고 해서 우리의 감각적인 욕망을 억제하지 않아도 된다는 말이 아니다. 성경은 우리의 육체와 육신적인 욕망을 어떻게, 어느 정도까지 충족시킬 것인지에 대한 금지와 제약으로 가득하다. 하지만 우리의 영적인 갈망에 대한 제약이나 규칙은 존재하지 않는다.

대부분의 사람들이 보통 종교, 특히 기독교는 인간의 욕망을 억누르고 삶의 기쁨을 빼앗으려 한다고 생각한다. 그러나 이것은 전혀 사실이 아니다! 기독교는 일시적인 불행이나 영원한 재앙을 초래하는 것 외에는 어떤 즐거움도 금지하지 않는다. 다시 읽어 보라. 하나님은 당신의 궁극적인 만족과 기쁨에 도움이 되는 것은 어떤 것도 금지하지 않으셨다. 아무것도!

다시 한번 말하겠다. 즐거움은 아무리 원해도 지나치지 않다. 당신은 잘못된 종류의 즐거움을 갈망할 수 있다. 영혼을 만족시키기 위해 하나님께서 금하신 것에 의존할 수 있다. 그러나 즐거움을 찾는 영혼의 열심은 크고 깊고 강렬할 수밖에 없다. 하나님의 초대는 그분이 주시는 모든 아름다움으로 우리의 영혼을 채워 영적 즐거움에 대한 욕구를 충족시켜 주신다.

하나님은 우리에게 마르지 않는 샘에서 솟아나는 영혼을 새롭게 하는 물을 마시라고 하셨다. 그분은 기쁨의 강을 가리키며 마시라고 하신다(시 36:8). 예수님과 성령의 능력으로 아낌없이 풍성하게

chapter 2
우리가 추구해야 하는 기쁨

부어 주시는 영적 기쁨과 축복에 깊이 잠기라고 하신다.

이것은 죄가 아니다! 죄는 궁극적으로 공허와 환멸만 가득한 곳에서 행복을 찾으려 하는 이기적인 결심이다. 영적인 굶주림은 죄가 아니다. 죄는 썩은 고기로 배를 채우기 위해 필레미뇽*을 주겠다고 하시는 하나님의 제안을 거절하는 것이다.

내가 기독교인의 삶에 대한 이런 비전을 나누면, 사람들은 나를 숨은 자유주의자나 인문주의자, 자기중심적인 이기주의자라고 비난한다. 그들은 어떻게 기독교인이 하나님 안에서 즐거움을 추구하는 것이 우리 삶의 목표가 되어야 한다고 주장할 수 있는지 이해하지 못한다. 그들은 이것을 자기희생과 복종에 모순되는 이기적인 생각으로 여긴다. 내가 권하는 것이 우리 모두가 직면하는 고통과 고난, 좌절과 실망으로 가득한 현실과 맞지 않는 것 같다. 더 심각하게는 우리가 하나님의 영광을 위해 모든 일을 한다는 성경적 부르심에 반한다고 믿는 것이다. 성경은 '하나님 중심'을 요구하는데, 너무 '자기중심적'인 것처럼 보이는 것이다.

나는 마치 '말세'(딤후 3:1)의 타락에 기여한 주범이 된 듯하다. 어쨌든 바울은 하나님보다 쾌락을 더 좋아하는 사람들에 대해 경고하지 않았는가? "쾌락을 사랑하기를 하나님 사랑하는 것보다 더하

---

* 좋은 부위의 고기

며"(딤후 3:4). 그렇다. 우리는 그들을 조심해야 한다. 그러나 나는 그들과는 다르다!

이 구절의 핵심 단어는 '(하나님 사랑하는 것)보다'이다. 사람들이 사랑하고 바울이 규탄하는 '쾌락'은 하나님이 배제된 육신적이고 방자한 만족이다. 그러나 내가 마음속에 품고 있고, 바울이 인정하는 '쾌락'은 정확히 하나님을 하나님으로 즐거워하는 것이다. 이것이 우리가 찾는 보배이자 즐거움이다. 기독교 쾌락주의는 하나님이 즐거움의 기초요 초점이 아닌 쾌락을 추구하는 것을 개탄한다.

바울은 하나님이 배제된 쾌락을 추구하는 자들을 비난한다. 그러나 기독교 쾌락주의는 하나님을 사랑하는 사람들에게 갈채를 보낸다. '쾌락'이 아닌 '하나님'을 사랑하면, 우리 영혼이 그토록 간절히 갈망하는 만족감을 하나님에게서 찾게 된다. 우리는 우리의 반석이자 피난처, 마음과 몸을 새롭게 하는 샘의 근원이신 하나님을 사랑한다. 디모데후서 3장 4절은 기독교 쾌락주의의 문제점을 지적하는 것이 아니라 증거하는 구절이다.

사람들이 보지 못하는 것이자, 내가 이 책에서 분명히 하고 싶은 것이 있다. 마음의 기쁨을 추구하는 것과 하나님의 영광을 구하는 것은 별개의 것이 아니라 하나이고, 동일한 것이다. 하나님의 가장 큰 영광은 당신이 그분을 기뻐하는 것이다.

왜 자기 부인이 쾌락주의적인 선택인가?

많은 사람들이 기독교 쾌락주의를 훼손한다고 믿는 성경 본문이 하나 더 있다. 마가복음 8장 34-37절 말씀은 내가 지금까지 말한 모든 타당성에 위협으로 느껴질지도 모르겠다.

> 누구든지 나를 따라오려거든 자기를 부인하고 자기 십자가를 지고 나를 따를 것이니라 누구든지 자기 목숨을 구원하고자 하면 잃을 것이요 누구든지 나와 복음을 위하여 자기 목숨을 잃으면 구원하리라 사람이 만일 온 천하를 얻고도 자기 목숨을 잃으면 무엇이 유익하리요 사람이 무엇을 주고 자기 목숨과 바꾸겠느냐

이것은 (그 즐거움이 하나님 안에 있을지라도) 즐거움을 추구해야 한다는 나의 주장을 뒤집어엎지는 않아도 약화시키지 않는가? 나는 그렇게 생각하지 않는다. 사실, 이것은 즐거움을 추구하라고 격려한다! 예수님이 말씀하시는 것이 무엇인지 내 생각을 설명해 보겠다.

자기를 부인하라는 주님의 말씀은 영혼의 상태에 대한 모든 관심을 버리라는 말이 아니다. 예수님은 개인의 욕망을 억누르라고 하시거나 초라하게 옷을 입고 금식하라고 말씀하시는 것이 아니다. 주님은 사실 당신 자신과 영혼의 영원한 행복에 대하여 호소하고

계신 것이다.

"자신의 행복과 영원한 기쁨에 전념하는 것"이 자기 부인에 대한 그분의 요구에 적절하게 대응하는 유일한 방법이다. 이것이 모순적으로 들리겠지만, 완전히 모순적이지는 않다. 예수님께서 염두에 두고 계셨던 것이 무엇인지 설명해 보겠다.

만약 자기 영혼에 대한 관심이 악하고 이기적이라고 확신한다면, 당신이 예수님의 이 말씀에 어떻게 반응할 것인지 상상해 보라. 당신은 그분께 복종하려는 모든 열의를 빼앗기게 될 것이다! 그분의 권고에 귀 기울이는 것이 타당한 이유는, 그렇게 하지 않으면 무슨 일이 생길지 모른다는 강렬하고 개인적인 걱정 때문이다.

예수님이 우리에게 '자기 부인'을 요구하시는 것은 우리가 순종하지 않으면 죽을 것이기 때문이다. 만약 우리가 '구원받길' 바란다면, 우리의 생명을 '잃어버려야' 한다. 그리고 예수님이 호소하시는 내용의 근거는 개인적인 소망의 정당성이다. 예수님의 권고는 분명 자신의 행복과 안녕을 바라는 인간의 피할 수 없는 현실에 근거하고 있다.

C. S. 루이스는 다음과 같이 설명한다.

. .

신약 성경은 자기 부인에 대해 많은 것을 말하지만, 자기 부인 자체를

chapter 2
우 리 가 추 구 해 야 하 는 기 쁨

목적으로 하지는 않는다. 그리스도를 따르려면, 우리 자신을 부인하고 십자가를 지라고 말한다. 그리고 우리가 그렇게 하면 궁극적으로 무엇을 발견하게 될 것인지 설명하며 대부분 욕망에 대해 호소한다.[1]

예수님은 우리가 우리 자신을 위해 가장 좋은 것을 바란다는 것을 알고 계신다. 그 일로 우리를 꾸짖지도 않으시고, 우리가 죄인인 것처럼 회개를 요구하지도 않으신다. 사실 그분은 의도적으로 그러한 보편적 욕망을 표적으로 삼으시고, 우리 영혼 안에 있는 부인할 수 없는 존재에 근거하여 간청하신다. 다소 역설적인 그분의 조언은 "자신을 위해 할 수 있는 최선은 자아를 부인하는 것"이다! 영생은 '자아'를 위해 우리가 얻을 수 있는 가장 좋고 유익한 것이다.

만약 당신이 미래에 영원한 생명을 잃게 된다면, 지금 육체적인 삶의 질을 향상시킴으로 얻을 수 있는 이득은 무엇인가? 존 파이퍼는 이렇게 말했다. "자기 부인은 그 사람이 원하는 것보다 받아들인 현실의 우월성에 정확히 비례하여 가치를 갖는다. 어떤 탁월한 목표에 대한 욕망에 근거하지 않은 자기 부인은 자랑거리가 될 것이다."[2]

예수님은 단지 영원하고 끝없는 즐거움이라는 더 큰 복을 얻기 위해 일시적이고 세상적인 위로라는 작은 복을 희생하라고 말씀하시는 것이다. 예수님은 "자기를 부인하고 자신에게 가장 좋은 일을 하라"고 말씀하셨다. 예수님을 따르지 않는 것은 세상에서 가장 큰 기쁨을 부인하는 것이다. 그분의 부르심은 성매매와 야망, 세상의 부로 우리의 영혼을 만족시키려는 헛된 시도를 포기하라는 것이다. 그 대신, 자신에게 호의를 베풀라. 예수님을 따라 참된 삶, 참된 기쁨, 참된 즐거움을 얻으라.

예수님은 우리의 요구를 무시하거나 갈망을 억누르시는 것이 아니라 그 욕구를 이루라고 말씀하시는 것이다. 잘 알려진 C. S. 루이스의 말을 생각해 보자.

. .

대부분의 현대인들의 마음속에 자기의 이익을 구하고, 그것을 향유하기를 열망하는 것이 나쁘다는 생각이 숨어 있다면, 이 개념은 칸트와 스토아 학파에서 숨어 들어온 것으로, 기독교 신앙에 속한 것이 아니다. 실제로 우리가 보상에 대한 염치없는 약속들과 복음서에 약속된 보상의 엄청난 특성을 생각하면, 우리 주님은 우리의 욕망이 그리 강하지 않고, 오히려 너무 약하다고 생각하시는 것처럼 보일 것이다. 바다에서 휴가를 보내자는 제안이 무엇을 의미하는지 상상조차 할 수 없어서 빈민가에서 진흙 파이를 만들고 싶어 하는 무지한 아이처럼, 우리는 술과 섹스, 야망을 가지고 장난치는 반쪽짜리 생명체이다. 우

리는 너무 쉽게 만족한다.³⁾

현미경과 망원경, 그리고 하나님의 영광

하나님의 가장 큰 영광은 당신이 그분을 열정적으로 기뻐하는 것이다. 이것에 대한 이해를 돕기 위해 현미경과 망원경의 차이, 그리고 그것이 하나님에 대한 우리의 지식과 하나님을 즐거워하는 것, 그리고 그분을 영화롭게 하는 것과 어떤 관계가 있는지 알아보자.⁴⁾

현미경과 망원경은 둘 다 물체를 확대하도록 설계되었다. 우리도 마찬가지다. 성경, 특히 시편에서는 반복적으로 "나와 함께 여호와를 광대하시다 하며 함께 그의 이름을 높이세"(시 34:3)라고 말한다. "내가 노래로 하나님의 이름을 찬송하며 감사함으로 하나님을 위대하시다 하리니"(시 69:30). "내 영혼이 주를 찬양하며 내 마음이 하나님 내 구주를 기뻐하였음은"(눅 1:46-47).

그런데 하나님을 찬양하는 것에는 완전히 다른 두 가지 방법이 있다. 하나는 하나님을 높이는 것이고, 다른 하나는 하나님을 비하하는 것이다.

먼저는 현미경이 하는 것처럼 하나님을 확대할 수 있다. 현미경은 꽤 작은 것에 초점을 맞춰 육안으로 볼 수 없는 것을 실제보다 훨씬 커 보이게 한다. 이것은 왜곡에 의한 확대다! 이것은 우리가 하나님을 영화롭게 하는 방법이 아니다! 그런데 안타깝게도 많은 기독교인들이 이런 식으로 하나님을 생각하고 경배한다. 그들은 자신들의 삶과 기도와 찬양으로 하나님을 실제보다 더 크고, 위대하고, 영광스러워 보이게 한다고 생각한다.

예배는 풍선을 부는 것과 같은 것이 아니다. 하나님은 우리의 찬양의 숨결에 그분의 탁월함과 가치가 부풀려져서 영광을 받지 않으신다. 우리의 찬양이 없으면 하나님이 계속해서 위축되고 움츠러든 채 계신다고 생각하는 것은 "만민에게 생명과 호흡과 만물을 친히 주시는 이"(행 17:25)를 불명예스럽게 하는 것이다.

반대로 당신은 망원경처럼 하나님을 확대시킬 수도 있다. 망원경은 형언할 수 없을 정도로 멀리 있는 것에 초점을 맞추고, 그것이 가까이 보이도록 확대한다. 망원경으로 우주의 먼 곳을 들여다보면, 우리 눈앞에 거대하고 헤아릴 수도, 형언할 수도 없는 차원이 나타난다. 우리는 오직 후자의 의미에서만 주님께 부름 받는다. 모든 비유들이 그렇듯, 하나님은 망원경을 통해 볼 수 있는 그 무엇보다 한없이 위대하시기 때문이다. 실제로, 그분은 당신이 망원경으로 볼 수 있는 모든 것을 창조하시고 만드셨다.

다음은 바울이 에베소 교회를 위한 중보기도(엡 3:14-19)를 마무리하면서 한 말이다.

우리 가운데서 역사하시는 능력대로 우리가 구하거나 생각하는 모든 것에 더 넘치도록 능히 하실 이에게 교회 안에서와 그리스도 예수 안에서 영광이 대대로 영원무궁하기를 원하노라 아멘 (엡 3:20-21)

하나님은 위대하시다! 하나님께서 (우리가 그분을 어떤 존재로 여기는지가 아니라) 그분이 진정으로 누구신지 보여 주시길, 그리고 그분이 행하신 일 때문에 그분의 모든 위엄과 탁월함, 영광 가운데 기쁘게 나타나시길 바란다.

영광에 대한 이해

나는 지금까지 '영광'이라는 단어를 여러 번 사용했다. 이것은 성경적으로 좋은 용어이긴 하지만, 내가 의도하는 바를 정의하는 것이 이해하는 데 도움이 될 것이다. 나는 영광을 단순히 하나님이 베푸신 아름다움이라고 정의한다. 영광은 그분의 능력과 인격의 찬란한 광채이다.

영광은 하나님을 하나님 되게 하는 모든 것으로, 그분이 우리의 찬양과 자랑과 믿음과 소망과 확신과 기쁨을 받기에 합당하신 분이라는 것을 보여 준다. 영광은 하나님의 탁월함이 아름답게 표출된 것이다. 영광은 하나님께서 그분의 아름다움을 나타내신 것을 보고, 경험하고, 느끼는 것이다!

하나님께서 밤새도록 당신을 지탱하시고, 오늘 아침 당신을 깨우시고, 지금도 당신의 영혼을 자비롭게 보존하시는 궁극적인 이유는 그분의 이름이 높임을 받으시기 위해서다. 그래서 당신의 심장이 계속 뛰고, 피가 혈관을 타고 돌며, 폐가 계속 작동하는 것이다. 하나님은 그분이 하시는 모든 일에 영광받기 원하신다. 그렇기 때문에 우리도 모든 일에 하나님의 영광을 구해야 한다.

잠시 '영화롭게 하다'라는 말을 '높이다'로 바꿔 보자. 바울도 다음과 같이 썼을 수도 있다. "그는 교회 안에서와 그리스도 예수 안에서 대대로 높임을 받으소서." 우리 중 누구도 여기에 반대하지 않을 것이다. 동의하지 않는 점은 그것을 표현하는 최고의 방법이다. 하나님을 높이는 가장 성경적이고 효과적인 방법은 무엇인가? 창조주를 높이는 일에 어떻게 참여할 수 있겠는가? 그것은 바로 '기뻐 뛰는 것'(exultation)이다. 이것은 단순히 트집 잡기가 아니라 기독교의 생명이 걸려 있는 문제다!

기뻐 뛰는 것은 즐거워하고 송축하는 것이다. 우리는 삶 가운데 깊은 만족을 얻을 때에 크게 기뻐한다. 우리가 그것을 말하든, 외치든, 아니면 그저 기쁨으로 탄성을 내뱉든, 거기에는 기쁨과 즐거움이 있다. 기쁨에는 "우와!", "믿을 수 없어!", "오 예!" 등과 같이 감정적으로 폭발하는 면이 있다. 누군가(무언가)를 기뻐하는 것은 그 속에서 행복과 즐거움과 기쁨과 완전하고 궁극적인 만족을 찾아 음미하는 것이다.

나는 하나님을 기뻐하는 것이 그분을 높이는 가장 성경적이고 효과적인 수단이라고 믿는다! 다시 말해서, 하나님은 높임을 받으실 때에 찬양을 받으신다! 하나님을 이해하는 것은 그분을 기뻐하기 위한 수단일 뿐이다. 우리가 이 영광을 다른 사람들에게 전하는 것은 우리 자신과 우리가 말한 것으로 인해 그들 안에 기쁨이 충만하게 하기 위해서다.

자신이 소중히 여기는 것의 가치를 어떻게 측정하는가? 상금의 가치를 어떻게 평가하는가? 마음속에서 일어나는 기쁨의 크기로 평가하지 않는가? 당신이 느끼는 기쁨의 강렬함과 질에 좌우되지 않는가? 그 속성과 특성이 다양하게 나타나는 것에 얼마나 흥분되고 설렘을 느끼는지에 좌우되지 않는가? 그것을 얻고 지키기 위해 어느 정도 희생할 수 있는지에 달려 있지 않은가? 어떤 보물이 당신에게 무엇을 해주는지에 대한 만족이 보물의 영광(가치와 중요성)이 드러나는 기준(또는 척도)인 셈이다. 하나님에 대한 당신의 기쁨이 극대화되고 최적일 때, 그 보물은 당신 안에서 그리고 당신에 의해 가장 영광스럽게 된다.

하나님을 높이고(elevate) 싶다면 그분을 송축(celebrate)하라. 하나님을 소중히 여겨 드려라. 그분을 기뻐하고 즐거워하라. 그렇게 함으로 당신은 하나님을 영화롭게 하고, 그분이 우주에서 가장 멋지고, 달콤하며, 모든 것을 충족시키시는 존재라는 것을 보여 주는 것이다.

이 책은 하나님을 찬양하기 위한 초대장이다. 하나님을 즐거워하는 것은 더 높은 목적을 위한 수단이 아니다. 하나님을 즐거워하는 것 자체가 목표다. 단순히 정점으로 가기 위한 과정이 아니다. 이것이 정점이며, 당신과 내가 사는 목적이고, 죄와의 싸움에 대한 해결책이다. 무관심주의의 해독제는 하나님을 즐거워하는 것이다. 그것은 인간을 변화시키는 하나님의 자극이다.

실제적인 힌트들

나는 복음주의자들에게 익숙하지 않은 개념으로(아마도 소수는 이단이라고 여길 것이다) 이번 장을 시작했다. 또한 우리의 영적인 욕구를 만족시키는 것에 과도한 것은 없다고 말했다. 나는 이렇게 말하면서 종교적 전통이라는 빠르고 강한 물살을 거슬러 올라가는 느낌이 들었다. '규제'라는 말로 기독교의 개념을 요약하는 사람들은 내 말에 움찔했을 것이다. 그러나 나는 성경을 통해 하나님께서 그분을 즐거워하는 일에는 우리에게 제한을 두거나 적정선이나 한계를 넘지 말라고 규제하지 않으신다고 확신한다.

그럼 이 놀라운 초대에 응하려면 어떻게 해야 할까? 다시 한 번 조나단 에드워즈의 말을 인용하며 이 장을 마치겠다. 그는 아가서 5장 1절5)에서 우리가 주목할 만한 몇 가지 태도를 취한다. 나는 그중 세 가지만 언급할 것이다.

집중된 마음

첫째, 우리는 "영적 대상에 대해 묵상함으로 영적 갈망을 키워야 한다."6) 우리가 우리의 마음을 내려 놓고 기본에 대해 묵상할 때마다 우리의 삶에 대한 그들의 지배력은 강화된다. 영적으로 숭고한 것에 집중하지 않아도 죄악된 쾌락으로부터 멀어질 수 있다고 생각하는 것은 망상일 뿐이다.

바울은 빌립보 사람들에게 보낸 편지에서 "끝으로 형제들아 무엇에든지 참되며 무엇에든지 경건하며 무엇에든지 옳으며 무엇에든지 정결하며 무엇에든지 사랑 받을 만하며 무엇에든지 칭찬 받을 만하며 무슨 덕이 있든지 무슨 기림이 있든지 이것들을 생각하라"(빌 4:8)고 말했다. 단지 그러한 '존재'가 있다는 것을 인식하는 것만으로는 터무니없이 부족하다. 그것들을 규정하고, 우리의 사랑을 받을 만한 존재라고 말하는 것 이상이 필요하다.

우리는 실제로 그것들에 대해 생각하고 숙고하여 깊이 파고들어야 하며, 우리의 가치와 감정을 변화시키고, 우리의 의지에 활력을 불어넣기 위해 하나님께서 그들에게 부여하신 능력에 민감해져야 한다.

아마도 다윗만큼 영적 대상을 부지런히 묵상한 사람은 없을 것이다. 특별히 그의 헌신의 강도와 배타성을 표현한 아래의 두 가지 말씀이 생각난다.

> 내가 여호와께 아뢰되 주는 나의 주님이시오니 주 밖에는 나의 복이 없다 하였나이다 (시 16:2)

> 내가 여호와를 항상 내 앞에 모심이여 그가 나의 오른쪽에 계시므로 내가 흔들리지 아니하리로다 (시 16:8)

나는 래리 크랩의 글을 통해 이 말씀을 더 잘 이해할 수 있었다. 래리의 정직함은 우리를 무장해제시키며 도전한다. 그는 우리가 능숙하게 숨기는 것을 두려움 없이 인정한다. 비행기 사고로 동생을 잃은 후, 래리는 하나님과 씨름하였고, 무엇이 그렇게 무의미해 보였는지 이해하려고 노력했다. 그는 순간적으로 하나님께 외쳤다. "저는 당신이 저의 전부라는 사실을 압니다. 하지만 제게 필요한 전부가 되실 만한지는 잘 모르겠습니다."[7]

래리는 우리에게 하나님 외에는 남은 것이 없을 때, 우리가 얼마나 신뢰하고 기뻐할 수 있는지가 만족의 기준이 된다고 말하는 것이다. 래리나 시편 기자 모두 다른 것은 괜찮다거나 즐거워할 여력이 없다는 것을 부인하지 않는다. 다만 이들은 다른 모든 것은 궁극적으로 무의미하다는 것을 하나님의 선물로 받아들이고 즐거워할 때에만 만족하는 것이다. 하나님 없이 모든 것을 가진 것은 아무것도 없이 하나님만 있는 것에 비하면 비참할 정도로 열등하다. C. S. 루이스의 표현에 따르면, "하나님과 다른 모든 것을 가진 사람은 오직 하나님만 가진 사람과 다를 바 없다."[8]

그래서 다윗이 모든 하찮은 아름다움에서 눈을 돌리기 위해 그렇게 부지런히 힘쓴 것이다. 그는 주님을 자기 앞에 모시고, 다른 모든 것이 흔들릴 때에 그를 붙들어 주실 분의 위엄과 권능에 모든 관심과 에너지를 집중시키기로 결심했다. 이것은 어쩌다가 또는 가끔씩 위기 때마다 되풀이하는 선택이 아니었다. 그가 '항상' 전념하는 삶의 방향이었다. 우리는 그의 본을 따라야 한다.

뉴잉글랜드에서 제1차 대각성(1740-1742)이 일어난 기간 동안, 에드워즈의 아내이자 열 명의 자녀의 어머니인 사라도 다윗과 비슷한 경험을 했다. 그녀의 간증은 하나님의 아름다움을 보고, 알고, 느낄 때에 일어나는 일들, 곧 삶을 변화시키고 죄악을 멸하는 능력을 보여 주는 놀라운 예다. 그녀의 간증에서 발췌한 몇 가지를 살펴보자.9)

사라는 "하나님의 직접적인 임재와 사랑의 유쾌한 감각"에 대해 이야기하면서 그것이 "너무나도 가깝고 현실적이어서 다른 것을 거의 의식하지 못하는 것 같았다"고 말한다. 이것은 하나님의 무소부재하심을 인식하여 확신하는 것이 아니라 하나님께서 가까이 계심을 경험함으로 느끼는 흥분이다. 하나님의 임재를 지적으로 아는 것을 초월하여 그분의 내재성*에 대한 이 '기분 좋은 감각'이 그녀의 삶을 지배하며, 죄악을 제거하는 힘이 되었다. 그 강렬함에 '다른 모든 것'에 대한 그녀의 인식이 약화되었고, 육체의 자극에 굴복하지 않게 하였다.

사라는 땅과 지옥 너머 이 땅 모든 것의 영향에서 벗어나 들어올려진 것 같은 행복을 느꼈다. 그래서 거룩한 무관심과 방해받지 않는 평온함으로 사람들과 마귀의 분노와 적개심을 바라볼 수 있었다. 그녀는 이렇게 고백했다. "그 어느 때보다 완벽하게 이 땅의 모든 것에서 벗어나 있는 것이 느껴졌다. 즐거움과 고통이 가득한

---

* 하나님이 우주와 그 모든 것에 담겨 있음을 뜻한다.

온 세상이 아무것도 아닌 것 같았다. 나의 하나님이 나의 전부, 나의 유일한 분깃이었다."

그녀는 말했다. "나는 나의 유일한 분깃이신 하나님 안으로 완전히 사라졌다. 그분의 존귀와 영광이 나의 최고의 갈망과 기쁨의 대상이었다." 그녀는 특히 평생 자신이 누린 모든 안락함과 즐거움을 다 합친 것보다 더 가치 있는 하나님의 사랑을 경험하였다. 그것은 영혼을 만족시키는 순수한 기쁨이었다. 조금의 괴로움도, 방해도 없는 즐거움이었다. "그것이 바로 내 영혼이 빠져 있는 달콤함이었다. 천국에서 그리스도의 얼굴을 바라보며 그분의 사랑을 나누는 사람들이 느끼는 충만한 기쁨이 나의 약한 몸이 지탱할 수 있는 전부인 것 같았다."

그리스도의 사랑의 아름다움을 아는 영광스러운 지식과 그분이 그녀의 영혼 가까이 계시다는 사실은, 이 세상이 줄 수 있는 모든 쾌락과 외적인 위로보다 더 강력하고 사랑스럽다는 것이 증명되었다. "아버지와 구세주의 영적인 아름다움이 내 마음을 사로잡는 것 같았다. 그것이 본능적으로 느껴졌다. '당신뿐입니다. 당신 외에는 아무도 없습니다.' 자기애나 나 자신에 대한 사적이고 이기적인 관심이 그토록 아무 의미 없는 것처럼 느껴진 적이 없었다. 나 자신이 완전히 사라진 것 같았다. 세상이 나에 대해 하는 말이 아무것도 아니라는 것을, 그리고 한 번도 만난 적 없는 사람의 관심과 마찬가지라는 것을 깨달았다. 하나님의 영광이 전부이고, 모든 것 가운데 있어 내 마음의 소망과 바람을 모두 삼키는 것 같았다."

그로부터 약 8년 후, 에드워즈는 이 땅에서의 삶 가운데 가장 쓰라린 경험을 하면서 이와 비슷한 영적인 달콤함을 맛보았다. 그는 매사추세츠 주 노샘프턴에 있는 교회에서 24년간 충실하게 목회하다가 부당하게 해고됐다. 그러나 그는 사라처럼 "땅과 지옥 너머 이 땅 모든 것의 영향을 받지 않는 곳"에서 사는 것처럼 보였다. 그래서 그는 "거룩한 무관심과 방해받지 않는 평온함으로 사람들과 마귀의 분노와 적개심을 바라볼 수 있었다." 어떻게 그럴 수 있었을까? 에드워즈에 동조하는 한 교인은 부당한 해고에 대한 그의 반응을 다음과 같이 말했다.

저 충실한 증인은 충격을 받았으나 동요하지 않았다. 나는 일주일 내내 그의 얼굴에서 조금도 불쾌한 기색을 보지 못했다. 그는 하나님의 사람처럼 보였다. 그의 행복은 원수의 손이 닿지 않는 곳에 있었고, 그의 보물은 미래뿐만 아니라 현재의 선으로, 삶 가운데 모든 악한 것을 압도했다. 심지어 그를 파면시키지 않고는 견딜 수 없었던 사람들까지 놀라게 하였다.[10)]

열정적 자세

에드워즈의 두 번째 조언은 "스스로 유혹을 차단하면서 영적인 갈망을 일으키도록 노력하라"[11]는 것이다. 그리스도의 아름다움에 쉽게 매료될 수 있도록 하는 삶의 태도를 취하라. 영적 갈망을 일깨우고 거룩한 갈망을 깊어지게 하는 것들에 당신의 감각을 노출시킴으로 영혼을 편안하게 만들라.

하나님은 그분의 아들을 향한 열정에 불을 붙이고, 그분의 임재를 향한 끝없는 갈망을 이끌어 내게 되어 있는 구체적인 활동들을 정하셨다. 기도와 성경의 역할에 대해 다시 들을 필요는 없지만, 성찬의 역할에 대해서는 다시 상기시켜 주는 것이 순서일 것이다. 에드워즈는 성찬에 대해 다음과 같이 말했다.

우리는 주의 만찬에 매우 진지하고 신중하게 참석해야 한다. 이것은 예수 그리스도를 향한 갈망을 이끌어 내게 되어 있다. 여기에 눈에 보이는 표지들로 우리의 관점을 나타내는 영광스러운 영적 갈망의 대상들이 있다. 우리에게는 분명히 십자가에 못 박히신 그리스도가 계신다. … 여기 우리의 배고픔과 갈증을 일으키기 위해 제공된 영적인 고기와 음료가 있다. 우리에게는 하나님께서 가난한 영혼들에게 베풀어 주신 영적 잔치를 상징하는 모든 것이 있다. 그래서 우리는 갈망하는 영혼들이 하나님의 영의 은혜로운 교통을 통해 이 세상에서 만족을 얻기를 어느 정도 소망할 수 있다.12)

우리 가족은 매주 성찬식을 행하는 교회에 다닌다. 나는 스스로 성찬식의 의미를 충분히 이해하고 있으며, 그만큼 경건하게 접근하고 있다 여겼다. 하지만 에드워즈의 말은 나에게 도전이 되었다. 만약 그가 옳다면(그리고 나는 그가 옳다고 생각한다), 빵과 포도주는 단순히 인식적으로 기억하게 할 뿐만 아니라, 그것이 상징하는 살과 피를 가진 구원자에 대한 꺼지지 않는 갈망의 불을 밝히기 위한 것이다. 이렇게 눈에 보이는 표지들은 은혜의 수단이기도 하다. 성령께서 오직 예수님만 주실 수 있는 것에 대한 갈증을 일으키고 심화시키신다. 그러므로 주린 상태로 성찬에 나와 하나님의 아들을 찬양하라.

예배의 방식

셋째, "우리는 우리의 갈망을 하나님께 표현해야 한다. 그 갈망은 표현함으로 증대된다."13) 열정은 침묵 가운데 사그라드는 경우가 많다. 표현되지 않는 기쁨은 사실상 모순적인 말이다. 하나님은 우리의 기쁨을 드러내지 말라고 하신 적이 없다.

루이스는 이렇게 말했다. "나는 우리가 즐거워하는 분을 기쁨으로 찬양한다고 생각한다. 왜냐하면 그 찬양은 단순히 즐거움을 표현할 뿐만 아니라 그 즐거움을 완성시키기 때문이다. 이것이 정해진 결말이다."[14]

순수한 기쁨을 함께 나눌 수 있는 사람이 없는 것만큼 더 좌절스러운 일은 없다. 열렬한 야구팬으로서 성공적인 더블스틸이나 히트앤드런, 혹은 9회 말 만루 홈런처럼 흥분되는 것은 없다. 나는 본능적으로 옆에 있는 누군가에게 소리친다. "저거 봤어? 와우!" 그 순간의 기쁨을 표현하지 않는 것은 생각할 수 없다.

예배도 마찬가지이다. 하지만 그 규모가 훨씬 더 웅장하다. 이것이 무엇을 의미하는지 이해하려면, 하나님과 완벽한 사랑에 빠져 있다고 가정해야 한다. 우리는 그분께 흠뻑 취하고, 깊이 빠졌으며, 완전히 녹았다. 그 기쁨은 드러나지 않고 우리 안에 억눌려 있는 감정이 아니다. 도저히 억제할 수 없는 큰 기쁨이기에 애쓰지 않아도 우리에게서 끊임없이 흘러나온다. 그러므로 거울에 비치는 밝기와 반사된 밝기를 분리할 수 없는 것처럼, 우리의 기쁨도 그 힘을 작용시키며 표현하는 찬양과 분리할 수 없다.[15]

예배는 기쁨의 표현일 뿐 아니라 훨씬 더 큰 기쁨이 싹트는 토양이다. 우리가 말씀과 찬송으로 하나님을 찬양하면, 성령님은 내면에서 역사하셔서 기뻐 뛰며 열정적으로 외치며 하나님을 더 깊이 즐거워하게 하신다. 예배는 알게 하고, 지식은 기쁨을 일깨운다. 예배의 기쁨은 우리 마음의 즐거움과 하나님의 영광으로 이어진다!

하나님을 즐거워하는 것은 더 높은 목적을 위한 수단이 아니다.

하나님을 즐거워하는 것 자체가 목표다. 단순히 정점으로

가기 위한 과정이 아니다. 이것이 정점이며,

당신과 내가 사는 목적이고, 죄와의 싸움에 대한 해결책이다.

무관심주의의 해독제는 하나님을 즐거워하는 것이다.

그것은 인간을 변화시키는 하나님의 자극이다.

chapter 3

아름다움의 힘

저에게 그림은 호감이 가고, 즐겁고, 아름다워야 합니다.

예, 아름다움이요.

인생에는 우리가 더하지 않아도 될 추악한 것들이 충분합니다.

– 피에르 오귀스트 르누아르

 하나님의 어떤 점이 우리를 그렇게 즐겁게 만드는 걸까? 하나님을 추구하는 것을 가치 있는 노력으로 만드는 무언가가 있는 걸까? 하나님의 어떤 점이 그렇게 매력적일까? 그분이 그 무엇도 할 수 없는 방식으로 인간의 마음을 설레게 하고 만족감을 준다고 주장하는 데는 이유가 있을 것이다. 왜 우리는 모든 세속적인 유혹과 오락을 버리고 성경의 삼위일체 하나님을 알고, 보고, 경험하는 데 집중해야 한다고 생각하는가? 하나님을 알고, 보고, 경험할 때에 그분의 어떤 점이 인간의 영혼으로 하여금 죄 앞에서 싫어지고 하나님의 품속에서 만족하게 하는 걸까?
 나는 앞에서 하나님의 '영광'과 '완전하심'과 '탁월하심'을 기뻐하며 그리스도의 아름다움을 누리는 것이 우리가 존재하는 이유라고 여러 차례 말했다. 우리는 이와 같은 반응을 불러일으키는 영광과 완벽함에 대해 무엇을 알거나 볼 수 있는 것인가? 모든 장애물을 극복하고, 모든 것을 희생하여 얻을 만한 경험으로 만드는 하나님의 탁월함에는 분명 무언가가 있을 것이다. 세상이나 육신, 마귀가 주는 것보다 더 즐거운 것이 있다고 믿을 만한 이유가 없다면, 예수님에게서 즐거움을 찾으라고 권하는 것은 이치에 맞지 않는다.

한 가지 일

앞에서 제기한 질문의 답은 다윗 왕의 결심에서 찾을 수 있다. "내가 여호와께 바라는 한 가지 일 그것을 구하리니 곧 내가 내 평생에 여호와의 집에 살면서 여호와의 아름다움을 바라보며 그의 성전에서 사모하는 그것이라"(시 27:4).

그는 시편 145편 5절에서 다시 한번 "주의 존귀하고 영광스러운 위엄과 주의 기이한 일들을 나는 작은 소리로 읊조리리이다"라고 고백한다. 앞서 제기한 질문의 답이자 다윗이 구하는 대상은 바로 비교할 수 없을 정도로 초월적이며, 모든 것을 만족시키는 하나님의 탁월한 아름다움이다.

다윗의 결심은 영화 〈굿바이 뉴욕 굿모닝 내 사랑〉(City Slickers)

의 한 장면을 떠올리게 한다. 잭 팰런스가 연기한 머리가 희끗희끗한 늙은 카우보이 컬리는 뼈만 남은 손가락을 허공에 뻗으며 전형적인 도시 사람인 빌리 크리스탈에게 삶의 의미는 '단 한 가지'에서 발견된다고 말한다. 크리스탈이 어리둥절한 표정으로 손가락을 바라보며 '그 한 가지'가 뭐냐고 묻자, 컬리는 스스로 알아내야 하는 것이라고 말한다. 그것은 사람마다 다르다. 하지만 만약 당신이 크리스천이라면, 그것은 우리 모두에게 마찬가지이다. 우리의 '한 가지'는 하나님의 영광이다.

다윗의 삶은 순탄하지 않았다. 이스라엘의 왕이 되는 것이 좋기만 한 것은 아니었다. 밧세바와 불륜을 저지르면서 그의 삶은 평탄치 않았다. 이 일로 자신과 국가 전체에 엄청난 재앙을 초래하게 되었다. 그래서 다윗의 결단이 그토록 놀라운 것이다.

다윗의 상황을 볼 때, 그가 약간의 평화와 안정, 혹은 그의 적들로부터 벗어난 영원하고 안전한 집, 또는 한 달 정도의 휴식을 선택했더라면, 그를 용서했을지도 모른다! 그가 맞닥뜨린 모든 고난과 그가 견뎌 낸 마음의 고통 때문에 대부분은 기꺼이 왕의 사정을 봐주려 할 것이다.

다윗이 일상적으로 부딪치는 일을 이해하려면 시편 27편 1-3절만 읽으면 된다. 그는 자신을 암살하려 하는 악인들에 대해 말한다. 그들의 탐욕스런 욕망은 그의 '살을 먹는 것'으로 살해 의도를 생생하게 비유한다. 그는 자신의 평판을 무너뜨리기 위해 온갖 기회를 노린 '대적들'과 '원수들'(2절)에 대해 말한다. 그는 자기 주위에 진을 치고 있는 적들의 군대와 그가 이룩하기 위해 노력한 모든 것을 끝내기 위해 일어나는 전쟁을 상상한다(3절). 이런 상황에서 다윗이 자신에 대해 다른 사람들이 어떻게 생각하는지(또는 음모를 꾸미고 있는지)에 집중할 것이라고 생각할 것이다.

하지만 다윗은 그의 마음에서 하나님을 지울 수 없었다! 그는 오직 한 가지만 바라보기를 열망했다. 오직 그 안에 거하고, 그것을 바라보고, 묵상하기 원했다. 이 열정의 대상은 누구(또는 무엇)인가? 위로와 안식을 찾는 한 남자에게서 그런 헌신을 이끌어 낼 수 있는 대상은 누구(무엇)인가? 바로 모든 창조되지 않은 아름다움, 형언할 수 없는 광채, 영광스러운 위엄, 헤아릴 수 없고, 이해할 수 없는 장엄함 속에 계신 하나님이시다.

다윗의 정체성은 왕으로서의 소명에 집중되어 있지 않았다. 그는 매일 정치적 사안이나 제국의 경계를 확장하려는 계획을 생각하며 잠에서 깬 것이 아니었다. 다윗은 단 한 가지를 생각했다. 하나님의 임재 앞에 거하기 위해 일상적인 얽매임에서 벗어날 방법을 찾았고, 하나님을 보지 못하도록 눈을 돌리게 하는 사소한 행동들을 피하였으며, 하나님의 아름다움과 뛰어나심을 묵상하기 위해 불필요한 세부 사항들과 감정을 정리하였다. 그리고 하나님을 관심과 기쁨과 경배의 대상으로 만드는 모든 것의 빛과 아름다움을 누리기 위해 중요하지 않은 일들은 제쳐두었다.

심미적 즐거움

나는 이 글을 쓰면서, 그리고 당신은 읽으면서 함께 하나님의 형상으로 창조되는 것이 무엇을 의미하는지 경험하고 있다. 하지만 하나님의 형상에는 단순히 생각할 수 있는 능력 이상의 것이 있다. 하나님은 또한 신중하게 선택하시는 의지적인 존재이시다. 불의에 대한 거룩한 분노로 타오르시고, 선을 기뻐하시는 도덕적 존재이시다. 그분은 그리스도 안에서 자신의 존재와 자신이 추구하는 영원한 목적을 숙고하시는 자기성찰적인 하나님이시다. 우리는 그분의 형상을 닮은 자로서, 이러한 능력들을 그대로 경험할 수 있다.

종종 하나님의 형상대로 창조된 우리가 추악하거나 비뚤어진 것에 대해 거부감을 느낄 뿐만 아니라 아름다움을 인식하고 기뻐할 수 있다는 사실을 간과하는 경우가 많다. 다시 말해서, 우리는 아름다움을 사랑하는 존재이다. 우리는 하나님과 그분의 창조물의 아름다움을 인식하고, 그것을 누리게 되어 있다. 하나님은 완벽한 예술가이시다. 그분의 창조성은 우리의 가장 엉뚱한 상상을 초월하신다. 우리는 (이차적이고 모방적인 의미에서) 아름다움을 창조하고 기념하는 신적 능력에 참여한다. 죄는 이러한 우리 영혼의 기능을 왜곡시켰지만, 파괴하지는 않았다.

프랑스의 인상파 화가 피에르 오귀스트 르누아르(1841-1919)를 처음 접했을 때, 내 영혼의 미적 실체가 잠에서 깨어났다. 나는 그의 가장 위대한 작품인 '뱃놀이 파티의 오찬'을 볼 수 있는 특권을 누렸다.

당시 미적 지식이 없었던 나는 무엇을 해야 할지, 어떤 말을 해야 할지 알지 못했다. 그래서 아무 말도 하지 않았다! 솔직히 의미 있는 행동이나 말을 할 수 없다고 느꼈다. 나는 완전히 새롭고 생소한 감각에 휩싸였다. 그것은 숨이 막힐 정도로 압도적이었다. 나는 시간 가는 줄 몰랐고, 차례를 기다리는 사람들이 기다리고 있다는 아내의 말을 듣고서야 정신이 들었다. 하지만 그 작품은 계속 나의 마음을 사로잡았다.

비슷한 경험을 한 사람이라면, 그것이 어떤 것인지 알 것이다. 나는 그 색상, 밝기, 비율, 그리고 생명력에 매료되었다. 그 이미지는 내 안에 완전히 새롭고 낯선 경이로움과 기쁨을 불러일으켰다. 철학자들은 그것을 미적 고찰 또는 사심 없는 즐거움이라고 부른다. 그런데 두 번째 표현은 언어적 모순에 가깝다.

만약 당신이 무언가를 즐거워한다면, 그것에 관심을 가질 수밖에 없다. 내 말은 르누아르나 그의 작품에 대해 어떻게 그 유익을 얻을 수 있는지, 내면의 욕망을 충족시키기 위해 어떤 용도로 사용할 수 있는지 묻고 싶은 생각이 들지 않는다는 것이다. 그림에 대한 나의 기쁨과 즐거움에는 마치 내가 더 높은, 더 궁극적인 목표를 달성하도록 돕기 위해 존재하는 것과 같은 목적이 없었다. 그 작품은 그저 찬사와 감탄과 누림의 대상으로 존재하고 있었다.

지금도 나는 르누아르의 팬으로 그의 수많은 작품들을 복제한 것을 사무실에 걸어 놓고 있다. 심지어 그의 작품 '테라스 위의 두 자매'가 그려진 머그컵으로 커피를 마시고 있다.

나는 르누아르와의 만남을 통해 내 안에 아름다움에 대한 열망이 있음을 알게 되었다. 삶의 경이와 경외, 놀라움의 기능, 곧 사람의 마음을 변화시키는 미적 차원의 힘을 참신한 방식으로 깨닫게 된 것이다. 나만 그런 것이 아니다. 아름다움은 보편적인 것이다. 어떤 인간도 자신이 아름답다고 여기는 모든 것의 매력으로부터 벗어날 수 없다.

표도르 도스토예프스키는 《카라마조프 가의 형제들》(The Brothers Karamazov)에서 "아름다움은 하나님과 사탄이 인간의 마음을 놓고 서로 다투는 전쟁터다"1)라고 하였다. 하나님은 최고의 영광과 찬란함이시다. 반면, 사탄은 추악함과 왜곡의 극치다.

누군가가 이렇게 말했다. "난 경솔함을 정의할 수 없지만, 그것을 보면 안다!" 이 말의 요점은, 우리가 말로 표현하려고 애쓰는 것에 대해 직관적으로 인식한다는 것이다. 그 개념을 어떻게 표현해야 할지 항상 아는 것은 아니지만, 마음은 본능적으로 그 힘을 감지한다. 음란과 추악함이 혐오와 도덕적 거부감을 불러일으키는 것이라면, 아름다움은 기쁨과 도덕적 호의를 불러일으키는 것으로 정의할 수 있을 것이다.

아름다움은 신비에 싸여 있다. 우리는 어떤 것이 왜 아름다운지, 그것이 왜 마음을 사로잡고 애태우게 하는지 쉽게 설명할 수 없다. 우리는 단순히 그것에 끌리고, 아름다움에 매료된다. 아름다움은 우리가 표현할 수도, 만질 수도 없는 영혼 깊은 곳에 닿는다. 말로 표현할 수 없는 생각과 감정과 열정과 욕망과 기쁨을 불러일으킨다. 아름다움은 그 누구(무엇)도 할 수 없는 방식으로 영혼을 깨우는 신비한 능력을 가지고 있다. 이런 경험은 우리가 본질적으로 미적 영광을 지니고 계신 하나님의 형상대로 만들어졌다는 사실을 분명하게 증명하는 것이다.

아름다움은 보는 이의 눈에 달려 있는가?

다시 르누아르로 돌아가자. '뱃놀이 파티의 오찬'의 아름다움을 입증할 만한 것이 있을까? 아름다움은 당신과 나 같은 사람들의 의견과 상관없이 항상 존재하는 객관적인 특성일까? 아니면 내가 그렇게 생각해서 아름다운 것일까? 누군가가 이 그림을 진부하거나 상상력이 없다고 해도 여전히 아름답다고 할 수 있을까?

사람의 의견과는 상관없이 사물과 그림, 노을, 꽃의 정원에 아름다움이 있는 것일까? 아니면 어떤 것이 즐거움을 준다는 사람들의 의견 때문에 아름다움이 만들어지는 것인가? 사물들이 아름답기 때문에 즐거운 걸까, 아니면 사물들이 일깨우는 즐거움이 아름다움인 걸까? 철학자들은 전자를 객관주의, 후자를 주관주의라고 부른다.

아름다움의 기준과 그에 관련된 것들에 사람들이 동의하지 않는다는 사실은 객관주의에 반하는 주장으로 사용되는 경우가 많다. 그러나 미학은 수학과 같지 않다. 미적 특성은 과학적 공식보다 더 미묘하고, 이해하기 어려우며, 묘사하기도 어렵다.

이 지역 사람들은 나의 말을 이상하게 생각할지도 모르지만, 세상에서 가장 아름다운 곳 중 하나는 35번 주간고속도로가 지나는 캔자스 주 위치타 바로 북쪽에 있는 플린트 힐스이다. 나는 미주리 주 캔자스시티에서 7년 동안 살면서 가족과 친구들을 방문하기 위해 오클라호마를 자주 방문했는데, 여섯 시간의 여정을 결코 두려워하지 않았다. 왜냐하면 길 위에 펼쳐진 아름다운 시각적 향연이 나를 기다리고 있다는 것을 알았기 때문이다. 왜 그것이 그렇게 나에게 감동을 주는지 설명할 수 없지만, 나는 여름 석양 아래 넘실거리는 초원의 화려함에 종종 숨이 막히곤 했다. 마치 오는 시대에 새 땅이 어떤 모습일지, 그 찬란함을 잠시 엿보는 것 같았다.

색상이나 구조상의 조화, 밝기 등 시각적 특성들에는 우리 마음속에 직관적인 즐거움을 불러일으키는 힘이 있다. 사람들은 종종 '아름다움'이라는 말을 멜로디, 음조, 리듬, 화음 등의 청각적 특성에 적용한다. 이 말을 하는 순간, 바흐의 브란덴부르크 협주곡이 떠오른다. 미의 개념은 꽃향기나 향수처럼 달콤하고 기분 좋은 향을 연상시키기도 한다. 흔하지는 않지만, 훌륭한 요리사와 미식가들이 그들이 가장 좋아하는 요리나 완벽하게 숙성된 와인의 맛을 아름다움으로 묘사하는 것을 들어 본 적이 있다.

그렇다면 특정한 지식 재산이나 이론이나 생각을 아름답다고 말할 수 있을까? 2002년 아카데미 최우수 작품상은 론 하워드의 영화 〈뷰티풀 마인드〉(A Beautiful Mind)가 받았다. 나는 이 영화의 제목처럼 아름다움을 단지 사물의 물리적 특성에만 국한할 이유가 없다고 생각한다. 어떤 이들은 영혼을 위로하거나 상상력을 자극하거나 인지력을 높이거나 감각들이 깊이 깨우는 것을 아름다움이라고 말한다. 수학 공식과 과학 이론, 그리고 존 르 카레* 소설의 흐

---

* 영국 첩보원 출신으로, 스파이 소설의 거장이다.

름은 모두 우리가 아름답다고 부르는 특징들을 구현해 낸다고 할 수 있다.

나는 이전에 쓴 책에서 아름다움을 "잔잔하게 지는 석양의 금빛 광채, 그랜드 캐년의 동굴 깊숙한 곳, 또는 첫째 아이가 어렵게 내디딘 첫 걸음 등, 우리를 감동시키고 놀라게 하며 숨을 멎게 하는 모든 것"으로 정의하였다. "아름다움은 우리의 심장을 더 빠르게 뛰게 하고, 등에 소름이 돋게 하는 것이다. 아름다움은 인간의 마음에 가치를 일깨우는 것으로, 자아의 존엄성과 내일의 희망을 느낄 수 있게 한다."[2]

우리는 인간의 연민이나 관대함, 또는 선교사의 헌신을 보며 아름답다고 말한다. 도덕적으로 빼어난 것이 나이아가라 폭포만큼 아름다울 수 있다. 결혼 생활에 충실한 것은 태평양의 창공처럼 우아할 수 있다. (드물긴 하지만) 정의가 세상에 가득할 때, 또는 진리가 입증되거나 도덕적 용기가 보상받을 때, 그것이 '아름다운' 것 아닐까? 아름다움은 언제나 존재해야 할 것이다.

갱단 간의 싸움이 확대되거나 내부 분쟁으로 인근이 혼란에 빠진 도심부의 '보기 흉한 장면'을 방송사들이 보도하는 경우가 많다. 이 모든 것은 인종적 화합과 평화, 평온 그리고 화해, 상호 의존과 연민에서 아름다움을 찾을 수 있음을 보여 준다. 추악한 것은 도덕적 질서가 왜곡되고, 옳고 그름의 기본 원칙이 깨어진 것이다.

하지만 하나님은 어떠신가? 우리가 그분을 아름답다고 해도 되는 것인가?

하나님의 아름다움

당신이 신학 서적에서 하나님의 아름다움에 대한 내용을 찾으려 한다면, 헛수고만 하게 될 것이다. 이것은 보통 전통적인 하나님의 속성 목록에서 빠져 있다. 대부분은 하나님이 최소한 아름다움의 근원 또는 기원이라는 것을 인정한다. 그런데 어거스틴은 하나님이 아름다움 그 자체라고 하면서 그분을 "나의 아버지, 지극히 선하신 모든 아름다운 것들의 아름다움"[3]이라고 불렀다.

약 20년 전, 내가 르누아르의 걸작의 아름다움에 매료된 사건이 중요한 것은, 이 일을 통해 하나님과의 관계 가운데 그분이 우리 모두에게서 훨씬 더 많은 것을 원하신다는 깨달음을 얻었기 때문이다. 하나님께서 창조와 섭리, 성경과 그분의 아들 예수 그리스도의 얼굴로 자신을 계시하신 것은 하나님만이 숨 막히고 비교할 수 없는 기쁨을 주실 수 있다는 사실을 일깨우기 위해서다. 하나님의 아름다움은 그분을 대단히 갈망하게 하고, 매력적으로 만들며, 우리 영혼이 다른 세상을 위해 만들어졌다는 것을 깨우쳐 준다.

하나님은 주권적으로 그분의 영광의 휘장을 여셨다. 그분은 창조와 구속 가운데 자신을 계시하셔서 우리가 그분의 임재에 경외심을 가지고, 그분의 성품의 아름다운 균형을 바라보며, 측량할 수 없는 그분의 위대함을 깊이 생각하고, 그분의 행하심의 지혜와 무한한 선하심에 경탄하게 하셨다. 이것이 바로 그분의 아름다움이다.

하나님의 아름다움은 절대적이고, 완전무결하며, 독립적이다. 창조된 모든 피조물은 창조주로부터 파생되었기 때문에 이차적인 의미에서 하나님의 탁월함을 반영하고, 창조주께서 만드신 목적을 성취하는 만큼 아름답다. 완벽한 질서와 조화, 고결함, 진실성, 균형, 대칭성, 탁월함은 하나님 안에서만 발견된다. 하나님의 인격과 활동에는 색의 부조화도, 불쾌한 소리도 없다. 그분은 모든 면에서 도덕적으로 완전하시고, 영적으로 탁월하시며, 미적으로 우아하시다.

하나님의 영은 창조를 통해 이 세상에 하나님의 아름다움을 전한다. 창조 세계는 하나님의 영광의 그림자다. 그러나 지금 우리가 보는 아름다움은 그것이 시작된 보이지 않는 원형의 희미한 그림자일 뿐, 장차 임할 완성되고 성화된 세상의 아름다움을 미리 맛보는 것에 불과하다. 4세기 교회의 아버지인 니사의 그레고리는 다음과 같이 말했다.

소망은 항상 보이는 아름다움에서 그 너머에 있는 것으로 영혼을 이끌고, 끊임없이 감지되는 것을 통해 숨겨진 것들을 갈망하게 만든다. 그러므로 아름다움을 열렬히 사랑하는 사람은 항상 그가 원하는 것을 눈에 보이는 형상으로 받아들이지만, 원형의 흔적으로 채워지기를 갈망한다. 그러므로 갈망의 산들을 오르는 대담한 요청은 이와 같다. 거울에 비친 모습이 아니라 얼굴을 마주하고 그분의 아름다움을 누리게 해 달라는 것이다.**4)**

하나님은 내가 르누아르나 그의 작품을 숭배하게 하신 것이 아니라, 나를 기다리고 있는 영광을 르누아르 안에서 그리고 그의 작품을 통해 보게 하신 것이다. C. S. 루이스는 다음과 같이 경고한다.

우리가 아름답다고 생각하던 책이나 음악(또는 그림)을 신뢰한다면, 그것들은 우리를 배신할 것이다. 아름다움이 그 안에 있는 것이 아니라 그것들을 통해 나타나 우리 안에 갈망을 일으키는 것이다. 이러한 아름다움, 즉 과거에 대한 기억은 우리가 진정으로 원하는 것을 보여 주는 좋은 형상들이다. 그러나 만약 그것들을 그 자체로 혼동한다면, 우상이 되어 숭배자들의 마음을 아프게 한다. 그것들은 우리가 진정으로 원하는 것이 아니기 때문이다. 그것들은 우리가 발견하지 못한 꽃의 향기일 뿐이다. 우리가 들어 보지 못한 곡조의 메아리, 우리가 방문한 적 없는 나라의 소식이다.[5]

인간의 영혼이 하나님의 아름다움을 경험하는 것은 단순한 즐거움 그 이상이다. 그것은 심오한 변화를 가져온다. 그 안에는 진리를 탐구하는 마음을 설득하고 확신시키는 힘이 있다. 이것이 변화를 일으키는 성령의 가장 큰 촉매제일 것이다.

바울은 고린도후서 3장 18절에서 "우리가 다 수건을 벗은 얼굴로 거울을 보는 것 같이 주의 영광을 보매 그와 같은 형상으로 변화하여 영광에서 영광에 이르니 곧 주의 영으로 말미암음이니라"고 암시한 바 있다. 요점은 우리가 보는 것이 우리의 모습이어야 한다는 것이다!

우리는 단순히 아름다움을 바라보는 것이 아니다. 아름다움은 우리를 붙잡고, 우리에게 헌신을 요구한다. 아름다움은 우리의 삶을 새롭게 바꾸라고, 우리 행위의 초라함을 드러내라고 요구한다. 그분의 자비로운 주도하심으로 우리가 따르고 닮아야 할 아름다움을 지니신 초월적 존재를 일깨워 준다. 아름다움은 우리의 마음에서 도덕적·정신적 추악함을 떨쳐 내는 힘을 가지고 있다. 영혼이 아름다움을 접하면 사랑하게 된다. 이 땅의 어떤 권세로도 압도할 수 없는 새로운 애정을 우리 안에 만들어 낸다.

아름다움은 또한 우리가 예수님보다 더 사랑했던 것들의 도덕적 추함과 현혹적인 세상 즐거움의 허울 너머에 있는 흉측한 현실을 드러냄으로 우리를 꾸짖는다. 우리는 그리스도의 아름다움을 바라보지 않기 때문에 죄의 추악함에 속아 넘어가는 것이다. 왜곡과 타락과 무의미함은 오직 예수님 안에서 계시된 완전함과 조화와 목적의 완벽한 빛 안에서만 제대로 보인다.

성육신하신 하나님의 아름다움

하나님의 아름다움에 영적으로 매료되는 것은 단순히 기쁨의 충만함을 경험하는 것이 아니라 시련과 상실, 박해의 불을 통해 영혼을 단련시키는 것이기도 하다. 아름다움은 즐거움을 줄 뿐만 아니라 인내심을 준다. 우상을 숭배하고 하나님을 믿지 않는 세상에 대한 하나님의 심판으로 그분의 백성들의 충성심과 성숙을 시험할 날이 다가오고 있으며, 이미 전 세계의 많은 기독교인들에게 임했다. 우리의 집이 약탈당하고, 재산을 빼앗기며, 감옥에 갇힐 때, 오직 하나님의 영광에 감화받은 마음만이 굳게 설 것이다. 그리스도인들이 투옥과 고문과 굴복의 압박에 시달릴 때도, 오직 하나님께 헌신된 자만이 버틸 것이다.

나는 평생 기독교 역사와 영웅들을 연구해 왔는데, 그중에서도 아타나시우스는 유독 신학적으로도 고집이 세고 불같은 성격을 지닌 자였다. 그에 대해 들어 본 사람이 많지는 않을 것이다. 그는 하나님의 영광의 위대함으로 인내할 수 있는 방법을 보여 주는 놀라운 사람이다. 이것은 성육신하신 하나님의 아름다움에 대한 그의 사랑 때문에 당신이 영원한 생명을 얻게 되었다는 의미이기도 하다. 그의 이야기를 간단히 소개하겠다.

이 모든 것은 4세기 초 북아프리카의 한 교회에서 목회했던 아리우스라는 교활하고 가냘픈 이단자로부터 시작된다. 아리우스는 하나님의 아들이 존재하지 않았던 때가 있었다고 주장했다! 아리우스는 예수님을 '하나님의 아들'이라고 부르기를 기뻐했지만, 그분이 하나님의 은혜에 동참하셨기 때문에 예의상 그렇게 불렀을 뿐이었다. 아리우스와 그의 추종자들은 하나님의 아들을 '경배'하고 그에게 기도했지만, 그분의 영원한 신성은 부인했다. 그는 318년에 파문되었고, 325년에 안티오키아 시노드와 함께 니케아 공의회에 의해 이단으로 정죄를 받았다. 그는 사역에 복귀하기 하루 전에 복부 경련으로 화장실에서 사망한 것으로 알려졌다.

그러나 이 이야기는 사실 아리우스가 아니라, 그리스도의 신성을 지키기 위해 자신의 목숨을 걸고 혹독한 역경을 견뎌 낸 사람에 관한 것이다.

아타나시우스는 서기 300년경 북아프리카에서 태어났다. 그는 칭찬 일색이거나 완전히 멸시당하는 사람이었다. 로버트 페인은 다음과 같이 말하였다.

초대 교회 역사상 그 누구도 그렇게 집념이 강하지 않았고, 자기 자신에 대한 요구에 그렇게 끈질기거나 그의 적들을 그렇게 조롱하는 사람은 없었다. 그에게는 독단적인 혁명가의 기질이 있었다. 아무것도 그를 막지 못했다. 율리우스 황제는 그를 '거의 인간이 아니며, 단지 작은 마네킹에 불과한 자'라고 했다. 그레고리 나지안젠은 "외모가 천사 같고, 마음은 더욱 그렇다"고 말했다. 어떤 의미에서는 둘 다 진실을 말하는 것이었다.6)

크리스토퍼 홀은 그에 대해 "신학적 투사이며, 용감하고, 까칠하고, 교활했다"7)고 기록했다.

아타나시우스는 아리우스에 대한 비판과 오늘날까지 많은 사람들이 교회에서 암송하는 니케아 신경* 제정에 큰 영향을 미쳤

---

* 325년 제1차 니케아 공의회에서 아리우스파를 비롯한 이단을 단죄하고 전통 기독교 신앙을 수호하기 위해 기독교가 채택한 신앙 고백문.

다. 그 신조의 중심은 그리스도의 완전한 신성의 확증이다. 교회는 아타나시우스의 끈기에 개인적·신학적으로 영원히 빚을 지게 되었다. 로저 올슨은 이렇게 말했다. "여호와의 증인의 신학이 대부분의 기독교 국가에서 '정통'이 아니라고 공인된 것에 대해 모든 기독교인이 아타나시우스에게 감사해야 한다고 해도 지나치지 않을 것이다."[8]

콘스탄티누스 황제가 아타나시우스에게 아리우스를 복권시키라고 압력을 넣었을 때, 우리의 영웅은 그 제안을 거절하고 황제의 명령을 무시했다! 이로 인해 그는 로마 제국 변경의 식민지로 추방되어 2년간 체류하였다. 황제가 죽자, 그의 아들은 아타나시우스를 복권시켰다. 그런데 그는 예수가 성부와 비슷하거나 닮았을 뿐임을 고백하라는 요구를 받게 되었다. 이 제안을 거절하자, 아타나시우스는 이단으로 정죄되어 또다시 추방되었다.

또 그가 교회로 복직된 후, 그를 체포하러 온 로마 군사들이 들이닥쳐 예배가 중단되었다. 아타나시우스는 성도들의 도움으로 그들에게서 벗어날 수 있었고, 몇몇 사막의 수사들과 함께 숨어서 6년을 보냈다. 아타나시우스는 생애 마지막 7년을 비교적 평화롭고 조용하게 보낸 후 373년에 사망했다.

아타나시우스는 그리스도의 신성의 영광과 찬란함에 사로잡힌 사람이었다. 그는 우리의 구세주가 하나님이 아니시면 구원은 있을 수 없다고 주장했다. 아타나시우스는 사도 바울과 함께 "그 안에는 신성의 모든 충만이 육체로 거하시고"(골 2:9) "그 안에는 지혜와 지식의 모든 보화가 감추어져 있다"(골 2:3)는 진리를 옹호했다.

아타나시우스가 포기했다면 그의 인생은 평탄했을 것이다. 싸움은 다른 사람들에게 양보하고 물러나서 비교적 조용히 있었다고 한들, 누가 그를 비난할 수 있겠는가? 그러나 그의 마음은 성육신하신 하나님의 아름다움에 감동되었다. 그는 구세주의 달콤함을 맛보았다. 그분의 신성한 본성은 변호하다가 목숨을 바칠 가치가 있는 것이었다. 나약하고 자기보호적인 그의 영혼은 연약한 인간의 육체 가운데 계신 영원하신 하나님의 아들의 위엄과 아름다움에 대한 성경의 묘사에 힘을 얻었다. 그가 지속적으로 헌신한 비결은 한 마디로 드러날 것이다. 우리 구세주의 업적에 대해 그는 다음과 같이 기록하였다.

그분이 사람이 되신 결과는 그 종류와 수가 워낙 많아서 그것을 일일이 열거하고자 한다면, 드넓은 바다를 바라보며 그 파도를 헤아리고자 하는 사람과 같으리라. … (그의 업적은) 모두 놀라우며, 사람들이 시선을 돌리는 곳마다 말씀의 신성을 보고 지극히 큰 경외심을 느끼게 될 것이다.9)

하나님께 삼켜지다

우리는 이 아름다움을 어떻게 보게 되는가? 아타나시우스는 그것을 어디서 보았는가? 우리는 하나님이 어떤 분이시며, 그분이 하시는 모든 일에 대한 성경 말씀을 영으로 섭취할 때, 주님의 아름다움을 마주하게 된다. 우리가 빛나는 하나님의 진리를 취하여 마음속에 두고 묵상하며, 그 진리를 생각하고, 그것에 우리의 영혼이 잠기게 할 때, 말하자면 하나님의 절묘한 성품에 흠뻑 빠지게 된다. 이것이 어떻게 일어나는지에 대해 한 가지 예를 들며 이 장을 마치겠다.

나는 바울의 편지에서 터져 나오는 영광의 찬송을 사랑하는데, 디모데전서 1장 17절만큼 감동적인 것은 없다. "영원하신 왕 곧 썩지 아니하고 보이지 아니하고 홀로 하나이신 하나님께 존귀와 영광이 영원무궁하도록 있을지어다 아멘." 나는 무엇과도 비교할 수 없는 하나님에 대한 기쁨이 화산처럼 그의 가슴에서 터져 나오는 것을 느낀다. 짧지만 충격적인 이 선언에서 바울은 다섯 가지 질문에 답한다.

그가 아낌없이 찬양하는 이 하나님은 누구신가? 그분은 왕이시다. 그분에 대해 뭐라고 말할 수 있는가? 그분은 어떤 종류의 왕이신가? 영원하고, 썩지 않으시며, 보이지 아니하고, 홀로 하나이신 하나님이시다. 우리는 어떻게 반응해야 하는가? 우리는 어떻게 경배해야 하는가? 우리는 그분께 영광과 존귀를 돌림으로 예배한다. 언제 그리고 얼마나 길게 예배 드려야 하는가? 답은 영원이다! 왜 그래야 할까? 이 마지막 질문에 대한 답은 12-16절에서 찾을 수 있다.

하나님은 누구신가? 그분은 왕이시다! 그분은 분명 단순한 농부가 아니시다. 왕자나 교황이나 대통령도 아니시다. 그분은 왕이시다! 이것은 왕족 이상을 가리킨다. 그분은 통치자이시다. 왕에 대해 가장 중요한 것은 단지 그가 부유하거나 위엄 있는 것이 아니라 다스린다는 것이다. 우리는 종종 큰소리로 하나님의 왕권을 선포하지만, 그것이 사실이 아닌 것처럼 살아간다. 사실 누군가가 말했듯이 "사람들은 그분의 왕좌를 제외한 모든 곳에서 하나님을 사랑한다!"

하나님은 어떤 왕이신가? 그분의 특성은 무엇인가? 무엇이 그분의 존재를 특징짓는가? 아래에 네 가지가 언급되어 있다.

1. 하나님은 영원하시다. 알파와 오메가로서 시작도 없고, 끝도 없다. 그분의 통치는 영원하다. 그분은 항상 왕이셨고, 앞으로도 왕이시다. 그분의 통치의 영속성을 위협하는 죽음도 없다. 열등한 경쟁자가 그분의 왕좌에 도전하여 권력을 빼앗는 일도 없다. 쿠데타나 혁명도 없다(적어도 성공한 것은 없었다). 탄핵의 위협도 없다. 그분은 영원히 통치

하시는 왕이다.

2. 하나님은 썩지 아니하신다. 이 왕은 다른 모든 생명체와 독립적으로 사신다. 그분은 다른 모든 생명체의 기원이시다. 그분의 삶은 파생된 것이 아니다. 그분은 사물, 또는 다른 사람이나 사물의 활동 때문에 사시는 것이 아니다. 그분은 단순히 다른 모든 사람과 무관하고 독립적이시다. 그분의 생명은 죽음과 부패와 붕괴의 참화 너머에 계신다.

3. 하나님은 보이지 아니하신다. 그분의 존재는 창조된 물질적 실체로 구성되어 있지 않다. 그분은 순결한 영이시다. 인간의 고결함이나 아들의 성육신에 부합하는 형태로 자신을 드러내기로 하신 것을 제외하고, 인간의 눈으로 그분을 '보는 것'을 기대할 수 없다. 참으로 영광스럽고 기쁜 소식은 보이지 않는 하나님이 예수님 안에서 보이셨다는 것이다(요 1:18).

4. 그분만이 유일하신 하나님이다.[10] 다른 모든 신은 거짓이다. 주께서 말씀하셨다. "나 여호와가 말하노라 너희는 나의 증인, 나의 종으로 택함을 입었나니 이는 너희가 나를 알고 믿으며 내가 그인 줄 깨닫게 하려함이라 나의 전에 지음을 받은 신이 없었느니라 나의 후에도 없으리라"(사 43:10-11). "나 외에 다른 신이 없나니 나는 공의를 행하

며 구원을 베푸는 하나님이라 나 외에 다른 이가 없느니라 땅의 모든 끝이여 내게로 돌이켜 구원을 받으라 나는 하나님이라 다른 이가 없느니라"(사 45:21-22).

우리는 이 하나님께 어떻게 반응해야 할까? 그분에 대해 어떻게 말할 수 있을까? 우리는 그분께 존귀와 영광을 돌려야 한다! 우리의 목적은 이러한 속성들을 하나님께 돌리는 것이다. 그런데 우리는 그분께 존귀와 영광을 돌려 드리지 않는다. 우리는 어찌 된 일인지 그분께 내재되지도, 영원하지도 않은 것을 드릴 수 있다고 생각한다. 그러나 우리에게는 그분께 부족하다고 여기는 존귀나 영광이 없다. 우리의 역할, 우리의 기쁨은 그분이 지금 그리고 영원토록 어떤 분이신지 알리고 선포하는 것이다.

언제 이렇게 할까? 이제 시작해야 할까? 이러한 찬양과 예찬과 경배가 그치고, 우리가 더 좋고, 더 즐겁고, 더 생산적인 것으로 나아갈 때가 있을까? 우리의 찬송은 영원할 것이다. 아멘!

그럼 왜 하나님은 그렇게 찬양받기에 합당하실까? 이 질문에 대한 바울의 개인적인 대답은 디모데전서 1장 12-16절에 나와 있다. 하나님께서는 마땅히 지옥에 가야 할 죄인을 구하시고, 그에게 자비와 구원의 은혜를 베푸셨다. 그렇다. 당신과 나에게도 말이다!

이 짧은 찬가에 대한 조나단 에드워즈의 답변을 들어 보자. 그리고 하나님의 은총으로, 그것이 우리의 것이 되길 바란다.

..

그 이후로 하나님과 그분에 대해 그런 종류의 달콤한 기쁨을 처음 발견한 것은 바로 디모데전서 1장 17절을 읽었을 때였다. "영원하신 왕 곧 썩지 아니하고 보이지 아니하고 홀로 하나이신 하나님께 존귀와 영광이 영원무궁하도록 있을지어다 아멘." 이 말씀을 읽을 때, 그것이 내 영혼으로 들어오면서 하나님의 영광에 대한 감각이 퍼지는 것 같았다. 그것은 이전에 경험한 것과는 완전히 다른 새로운 감각이었다. 어떤 성경 말씀도 이 말씀처럼 보이지 않았다. 그분이 얼마나 훌륭한 존재이신지, 또 내가 그분을 누리면서 하늘에 계신 하나님께로 올라가 그분 안에 삼켜진다면 얼마나 행복할지를 생각했다. 나는 계속해서 말했다. 나 자신에게 계속해서 이 성경 말씀을 노래했다. 그리고 기도하러 가서 하나님께 그분을 즐거워할 수 있게 해달라고 구했다. 그리고 이전과는 전혀 다른 방식으로 새로운 마음을 가지고 기도했다.[11]

오, 하늘의 하나님께 사로잡히기를, 그 초월적인 아름다움에 삼켜지기를! 그게 시작이기는 하지만, 우리는 단지 아름다움을 보기만 원하지는 않는다. 우리는 너무나도 거룩하고 친밀한 것을 더 갈망하여 그 이름을 말하는 것을 망설인다. 내면에서 타오르는 열망은 "우리가 보는 아름다움과 결합하고, 그 아름다움 속으로 들어가서 그것을 우리 안으로 받아들이고, 그 아름다움 속에 잠겨 그 일부가 되는 것"[12)]이다.

그러나 루이스는 한탄했다. "우리는 아침의 신선함과 순수함을 분별하지만, 그것들이 우리를 신선하고 순수하게 만들지는 못한다. 우리는 우리가 보는 아름다움과 섞일 수 없다. 그러나 신약의 모든 잎사귀들이 항상 그렇지는 않을 것이라고 웅성거리며 흔들리고 있다. 하나님의 뜻에 따라, 언젠가 우리는 그렇게 될 것이다."[13)]

그렇더라도, 오소서 주 예수여!

아름다움은 우리를 붙잡고, 우리에게 헌신을 요구한다.
아름다움은 우리의 삶을 새롭게 바꾸라고, 우리 행위의
초라함을 드러내라고 요구한다. 그분의 자비로운 주도하심으로
우리가 따르고 닮아야 할 아름다움을 지니신 초월적 존재를
일깨워 준다. 아름다움은 우리의 마음에서 도덕적·정신적
추악함을 떨쳐 내는 힘을 가지고 있다.

chapter 4

헨델이
본 것

ne Thing

경탄은 화려함에 대한
정상적인 반응이다.

– 토마스 두베이

    모든 사람들이 헨델의 〈메시아〉, 특히 이 작품의 절정이라고 할 수 있는 합창곡 '할렐루야'를 알고 있다. 하지만 대부분의 사람들이 조지 프레드릭 헨델(1685–1759)이 이 곡을 쓰게 된 계기에 대해서는 잘 모른다.

    독일에서 태어난 헨델은 성인이 되어서는 주로 영국에서 지냈고, 결국 영국의 시민이 되었다. 그의 아버지는 의사였는데, 아들이 자신의 길을 따르기 원했다. 하지만 음악에 대한 헨델의 관심은 너무나도 강력했다. 그는 수많은 협주곡, 칸타타, 찬송가, 소나타뿐만 아니라 20여 곡의 오라토리오(종교음악)와 40여 편의 오페라도 작곡했다.

    그러나 헨델의 삶은 결코 평탄하지 않았다. 성질이 급하기로 악명이 높았던 그는 다른 음악가들과 자주 싸웠다. 57세였던 1741년에는 어마어마한 규모의 빚더미에 올라 심한 우울증에 시달렸다.

그러던 어느 날 찰스 제넨스라는 젊은 시인이 예고도 없이 그를 찾아왔다. 그는 〈성스러운 오라토리오〉라는 제목의 성경 구절 모음집을 헨델에게 전달했다. 헨델은 건성으로 원고를 읽기 시작했다. 그러다가 이사야 선지자가 메시아가 오실 것에 대해 예언한 부분을 읽기 시작하면서 우울증에서 벗어나게 되었다. 그 구절은 그의 영혼 안에서 반향을 일으켰다. "기묘자라, 모사라, 전능하신 하나님이라, 영존하시는 아버지라, 평강의 왕이라!"(사 9:6)

헨델은 마치 하나님의 강권하심에 이끌리듯 작곡을 시작했다. 그는 그날 이후 25일간 자기의 방을 떠나지도 않았고, 때로는 음식조차 먹지 않고 곡을 쓰는 일에 몰두했다. 종종 손을 흔들며 펄쩍 뛰어올라 "할렐루야!"라고 외치곤 했다. 작품이 완성되었을 때, 그는 이렇게 말했다. "마치 눈앞에 모든 천국이, 위대하신 하나님이 보이는 것 같았다." 뉴먼 플라워 경은 "260페이지의 방대한 분량을 창작하는 데 걸린 짧은 시간을 고려할 때, 이 작품은 아마도 작곡 역사상 가장 위대한 위업으로 영원히 남을 것이다"라고 말했다.

〈메시아〉는 1742년 4월 13일에 초연되었고, 런던에서는 이듬해에 처음으로 무대에 올랐다. 합창단이 장엄하게 '할렐루야'를 부르기 시작하자, 영국의 조지 2세는 너무 흥분해서 자리에서 일어났다. 그러자 관객들도 뒤따라 일어나 합창이 끝날 때까지 서 있었다.

이것은 그날 이후 지금까지 관례적으로 행해지고 있다.

이 작품은 지금까지 쓰여진 작품 중 가장 영적으로 충만한 합창곡일 것이다. 그런데 무엇이 헨델로 하여금 이 작품을 쓰도록 감동시켰을까? 무엇이 그에게 영감을 주었을까? 그는 무엇을 보거나 들었기에 이러한 작품을 만들게 된 걸까? 〈메시아〉 전체와 특히 합창곡 '할렐루야'는 헨델이 하나님의 아름다움을 찬미하는 요한계시록 4-5장의 장엄한 묘사를 묵상하던 중 영감을 받은 것이다.

이 말씀은 피조물들을 완전히 다스리고 계신 주권적인 하나님의 위엄에 대한 환상이다. 세상의 관점에서는 하나님 나라의 원수들이 이기고 있는 것처럼 보일 수도 있다. 기독교인들은 박해받고, 투옥되며, 순교하고 있다. 비극과 시련과 혼란이 만연하고, 큰 뱀(사탄)과 짐승, 거짓 선지자가 우위에 있는 것처럼 보인다. 터널의 끝이 보이지 않기 때문에 모든 희망의 빛은 희미해진다. 오직 터널만 계속될 뿐이다.

하지만 요한의 환상은 보이는 것에 현혹당할 수 있음을 보여 준다! 역사의 여정은 정치적 음모나 군사력이 아니라 하나님에 의해 결정된다. 요한이 발견하고 헨델이 배운 것은 현실에는 두 개의 세계, 또는 두 개의 차원이 있다는 것이다. 하나는 이 땅의 보이는 것들이고, 다른 하나는 하늘의 보이지 않는 것들이다. 그런데 놀랍게도, 보이는 것들을 다스리고 결정하는 것은 보이지 않는 것들이다.

여전히 두 세계를 모두 다스리시는 주권자는 하나님이시다!

마치 성령께서 요한과 우리에게 이렇게 말씀하는 것 같다. "내 말에 귀 기울여라. 만물은 겉보기와는 다르다. 내가 그들의 실체를 보여 주겠다. 내가 너를 하나님이 계신 보좌의 방으로 데려가겠다. 상황이 제멋대로 돌아가고 있는 것이 아니다. 사탄은 이기지 않았다. 마귀는 승리하지 않았다. 운명이나 끔찍한 우연이 우주를 다스리는 것이 아니다. 전에도 계셨고, 이제도 계시고, 장차 오실 그분께서 모든 것을 그분의 손에 쥐고 계신다."

창조주!

요한이 들은 것은 예수 그리스도의 음성이다. 요한은 숨이 막혀 무릎을 꿇게 되고, 심장이 두근거리는 가운데 삼위일체 하나님에 대한 놀라운 환상과 마주하게 되었다. 그는 주님이 왕좌에 앉으셔서 찬양받으시는 것을 본다. 요한계시록 4-5장 내용은 우리의 상상력을 확장시키고, 하나님의 아름다움을 이해하는 능력을 시험한다. 이 구절들을 신문이나 소설, 심지어 로마서처럼 읽고 싶은 유혹을 이겨 내라. 이 구절들을 읽은 다음, 잠시 눈을 감고 각 장면의 위엄과 영광을 상상해 보라.

요한의 환상에 따르면, 하나님의 보좌는 천국의 모든 활동의 중심에 있다. 무지개가 하나님의 보좌 주변을 두르고 있고, 그다음에 네 생물, 이십사 장로들의 보좌가 차례로 원을 이루고 있다. 요한계시록 5장 11절과 7장 11절에 따르면, 수많은 천군천사들이 보좌를 둘러싸고 있다. 결국 모든 피조물이 예배하는 무리에 합류한다(계 5:13 참조).

요한계시록 4장 3절에는 다가갈 수 없는 찬란한 불꽃 속에 계신 하나님이 묘사되어 있는데, 보석들이 그분의 빛나는 아름다움의 영광과 위엄을 굴절시킨다. 모든 예배가 시작되는 곳이 바로 여기다. 하나님께서 다스리고 계시는 천국의 보좌! 우리가 하나님을 있는 그대로, 비교할 수 없을 정도로 탁월하시고 지극히 높으신 분으로 바라보면, 하늘의 천군천사와 연합하여 마땅히 그분을 찬양할 것이다. 그분은 잊혀져 가는 세상에 초조해하는 연약한 신이 아니다. 인간 역사의 결과에 대한 불안감에 휩싸여 이마에 주름이 가득한 채 천국을 서성이지도 않으신다. 하나님은 모든 것을 통치하신다!

하나님을 설명하라고 한다면 어떤 표현을 사용하겠는가? 나는 많은 기독교인들이 하나님에 대한 지식과 경험이 너무 부족해서 그분을 형태도 없고, 열정도 없는 추상적인 회색 덩어리로 묘사할까 두렵다. 반면에 요한의 환상은 사실상 다양한 색과 소리, 광경과 냄새의 만화경이다! 그는 무지개의 모든 색이 확대된 것을 본다!

보좌에 앉으신 분은 붉은색을 띠는 경향이 있지만, 노란색, 녹색, 회청색을 띠기도 하는 불투명한 돌, 벽옥 같은 모습이시다. 이것은 위엄과 거룩의 속성을 연상시키며, 하나님의 영광을 드러내는 새 예루살렘의 전체적인 이미지로도 사용되었다(계 21:11). 또 이것은 성벽(계 21:18)과 열두 기초석 중 첫 번째 기초석의 재료이다(계 21:19).

홍보석은 루비와 비슷한 붉은 돌이다. 이것은 하나님의 질투와 의로운 진노, 그분의 이름을 향한 불타는 열심, 그리고 그 이름을 모욕하는 사람들에 대한 정의롭고 단호한 반응을 떠올리게 한다.

무지개는 하나님께서 대홍수 이후 노아에게 언약의 표로 처음 하늘에 두신 것으로, 그분의 신실하심을 연상시킨다. 에스겔 1장 28절에서도 무지개는 (홍보석으로 상징되는) 하나님의 진노와 심판을 그분의 자비와 다시는 땅을 완전히 멸하지는 않겠다고 노아에게 약속하신 것으로 누그러뜨리시는 것을 생각나게 한다. 에스겔서에서는 무지개가 빛나는 하나님의 영광을 분명하게 묘사한다고 한다. 에메랄드처럼 빛을 발하며 우리 하나님이 질투의 열정뿐만 아니라 따뜻한 애정으로 충만하신 분임을 상기시킨다.

물론 요한은 하나님을 벽옥이나 홍보석이라고 말하는 것이 아니다. 단지 그분의 모습이 그러한 보석과 같다고 말하는 것이다. 이것은 상징적인 이미지이다. 그분은 우리의 생각을 무수한 사실들로 채우는 것이 아니라 우리의 상상력을 자극하고, 마음을 불타오르게 하기 원하신다.

이 장면은 신비와 경이로 가득하다. 경이로움 없는 예배는 생기가 없고 지루하다. 오늘날 많은 이들이 하나님에 대한 경외심과 놀라움을 잃었다. 사람들은 감히 하나님에 대해 모든 것을 알고 있다고 가정하면서 그분을 다루기 쉬운 용어로 한정 짓고, 잘 정리된 신학이라는 상자 안에 가둔다. 그런데 이러한 관점들은 하나님이 어떤 분이어야 하고, 무엇을 하셔야 하는지에 대한 그들의 기호에 부합한다. 그들이 하나님의 은총에 경탄할 능력을 잃었다는 사실은 그렇게까지 놀랍지 않다. 워렌 위어스비는 다음과 같이 설명한다.

우리는 진정한 경이로움이 일시적인 감정이나 얕은 흥분 같은 것이 아니라는 사실을 인식해야 한다. 그것은 깊이가 있다. 진정한 경이로움은 당신의 마음과 생각에 닿아 당신을 흔들어 놓는다. 그것은 깊이가 있을 뿐만 아니라 가치도 있다. 또한 당신의 삶을 풍요롭게 한다. 경이로움은 기분 좋아지게 하는 값싼 놀이가 아니다. 그것은 당신의 마음에 경외심을 불러일으키는 실체인 하나님과의 만남이다. 당신은 감사와 경배와 존경과 두려움과 사랑이 뒤섞인 감정에 압도되어 설명

을 찾기보다 하나님의 경이로우심에 빠져 있게 된다.[1]

그러나 하나님 앞에서 우리의 경이로움은 무지가 아니라 지식에 기인한다. 우리는 하나님의 위엄에 대해 알고 있고, 그 때문에 경이로움과 사랑과 찬양에 빠져 있다. 우리가 모르는 누군가를 경외할 수는 없다. 우리의 경이로움은 이해하는 만큼 깊어진다.

하지만 세상이 무너질 때에 예배를 드리는 것이 타당한 것인가? 요한의 목숨은 위태로웠다. 당시 모든 사도 가운데 요한만 살아남은 상태였다. 그가 얼마나 더 버틸지 어찌 알겠는가? 이런 상황에서 성령께서는 왜 요한을 하늘로 데려가셔서 천사들과 기이한 생물들과 성도들이 예배하며 열정적으로 찬양하는 것을 보여 주신 것일까? 그것만이 의미가 있기 때문이다! 예배는 현실에서 도피하는 것이 아니다. 요한이 하나님의 보좌 주변에서 보고, 듣고, 느낀 것보다 더 실제적인 것은 없다.

예배가 지극히 실제적인 이유는 그것이 우리의 궁극적인 가치관을 회복시키기 때문이다. 예배는 이 세상이 가치 없고, 일시적이며, 따분하다는 사실을 드러낸다. 마음에 활력을 불어넣어 오직 예수님 안에서 만족을 추구하게 한다. 예배 가운데 우리는 이 세상이 덧없고, 우리의 헌신을 받을 가치가 없다는 것을 깨닫는다.

예배는 우리의 영혼을 하나님의 초월적인 권능과 연결시키고,

진정한 아름다움에 대한 감사로 깨어나게 한다. 거짓의 베일을 벗기고, 죄와 사탄의 추악함을 드러낸다. 예배는 기분 좋게 세상을 책망한다. 우리의 마음이 예수님께 고정되면, 삶 가운데 다른 모든 것은 완전히 불필요해지고, 우리는 그리 많은 것을 요구하지 않게 된다.

그토록 영광스럽게 보좌에 앉으신 분은 자신을 경배하는 피조물의 무리에게 둘러싸여 계신다. 첫 번째 무리는 이십사 장로들이다. 그들은 흰옷을 입고 금 면류관을 쓰고 하나님 앞에 엎드려 예배하며 금 면류관을 던져 드린다(4:10; 5:14; 11:16; 19:4). 그들은 거문고와 성도들의 기도를 나타내는 향이 가득한 금 대접(5:8)을 들고 하나님을 찬양한다(4:11; 5:9-10; 11:17-18).

어떤 사람들은 이들에게서 그룹이나 스랍과 같은 고귀한 천사들의 질서를 보는 반면, 다른 사람들은 그들이 높임을 받은 구약의 신자들이라고 생각한다. 다윗 왕은 성전 봉사자들을 24반열의 제사장(대상 24:3-19), 스물네 명의 문지기(대상 26:17-19), 예언하고 감사하며 하나님을 찬양하고, 수금과 제금의 반주에 맞춰 노래하는 24반열(대상 25:6-31)의 레위인으로 나누어 임명했다.

또 다른 가능성은 이들이 고귀한 신약의 성도들, 특히 순교를 통해 자기 믿음을 인친 자들로, 이제 영광을 받아 숭고한 천상의 삶에 참여하고 있는 각각의 성도들이라는 것이다. 때때로 보좌는 의

인들에 대한 하늘의 상급을 비유한다. 하지만 그들이 신약의 성도일 뿐이라면, 왜 '24'라는 숫자를 사용한 것일까? 그들이 24시간 내내 밤낮으로 예배하는 것을 상징하는 걸까?

이스라엘 열두 지파와 신약 교회의 열두 사도를 가리키는 '24'라는 숫자는 쉽게 볼 수 있다(그들은 21장 12-14절과도 연관되어 있다). 만약 그렇다면, 장로들은 구약과 신약에서 구원받은 공동체 전체를 대표한다고 할 수 있다. 그런데 그들은 인간일까, 천사일까? 아마도 그들이 성도들의 기도를 하나님 앞에 가져와서(5:8) 구원받은 자들을 제3자로 노래하는 한(5:9-10), 후자일 것이다. 또 이들 이십사 장로가 7장 9-17절의 구원받은 무리와 구별된다는 사실은, 이들이 하나님의 모든 백성의 천사 같은 대표자들이라는 것을 나타낸다.

이들은 강력하고 위엄 있는 존재들이며, 그들의 빛은 그들이 그토록 숭배하고 섬기는 자의 영광을 반영한다.

하지만 중요한 것은 그들이 누군지가 아니라 그들이 하고 있는 행위다. 그들은 하나님의 위엄에 넋을 잃고, 그분의 영광에 사로잡혀 끊임없이 열정적으로 찬양을 드리는 데 전념한다. 이에 대한 자세한 내용은 아래에 더 있다.

번개와 천둥은 의심할 여지없이 문자 그대로 하나님의 놀라운 능력과 무한한 힘을 상징하며, 시내산에서의 하나님의 계시를 연상시킨다(출 19:16-18; 20:18-20). 이것은 하나님의 끝없는 에너지가 분출되는 것으로, 그분의 능력의 무한함을 나타내는 것일 수도 있다. 어떤 사람들은 일곱 영이 보좌에서 특별한 사역을 담당하는 일종의 수행원이라고 믿는다. 숫자 '7'이 하나님의 완전함과 완벽함을 나타낸다는 사실에 비추어 볼 때, 이것은 그 존재의 일곱 배 또는 완전함의 상징으로 표현되는 성령님일 가능성이 더 높다.

네 생물은 이사야 6장의 스랍과 에스겔 1장 5-25절, 10장 1-22절의 그룹을 연상시키는데, 모두 하나님께 찬양을 올려 드려야 할 피조물을 상징할 수 있을까? 이것은 나침반의 네 점, 땅의 네 모서리, 하늘의 네 바람 등 자연 질서의 총체를 가리키는 숫자 '4'를 암시한다. 그들은 천사들일까, 아니면 창조된 초자연적 존재 중 한 '부류'일까?

그들은 수정과 같은 유리 바다(6절) 위에 서 있다. 그것은 하나님의 성품에서 나오는 번쩍이는 빛을 반사하기 위해 보좌 앞에 펼쳐져 있다. 그들은 왕좌의 앞, 뒤, 양 옆에 서 있는 것처럼 보인다(4장 6절에서는 보좌의 '가운데' 있고, 5장 8절과 19장 4절에서는 보좌의 '앞'에 있다). 어떤 사람들은 이들이 보좌 자체를 지탱하고 있다고 주장한다. 네 생물의 초점은 온전히 하나님께 있다. 서로에게 또는 천국에 있는 그 어떤 것, 그 누구에게 향하지 않는다.

7절의 이 생물들에 대한 묘사는 이들이 섬기는 하나님의 성품을 암시하는 것일 수 있다. 사자는 왕권을, 소는 힘을, 사람은 지성과 영성을, 그리고 독수리는 움직임이 민첩함을 상징한다.

그들의 예배(8절)는 밤낮으로 쉬지 않고 이어진다(14:11). 지옥에 지속적이고 끊임없는 처벌이 있듯이, 천국에는 지속적이고 끊임없는 찬양이 있다. 주안점은 하나님의 세 가지 속성에 있다. 첫째는 이사야 6장에서 강조된 그분의 거룩하심이다. 이사야가 하나님이 어떤 분인지 알았을 때, 자기 자신을 보게 되었다. 하나님에 대한 지식은 항상 우리 자신에 대해 깨닫게 한다. 하나님의 거룩하심은 항상 우리의 죄악을 드러낸다. 그러나 거룩하신 하나님은 또한 은혜로운 구원자이시기에, 이사야의 입술에 제단의 숯불을 대시며 용서와 정화를 말씀하신다.

그들을 사로잡는 하나님은 또한 주권자이시다. 그분은 '전능하신 분'으로, 하나님의 권위와 지배와 권력의 상징인 '보좌'(4장에서 열네 번이나 언급된 신성한 권세와 통치의 상징)에 앉아 계신다. 찬송가 작곡자인 F. W. 서필드 부인은 다음과 같이 말했다.

> 하나님은 여전히 보좌에 계시고
> 그분은 자신의 소유를 기억하실 것이다.
> 시련이 우리를 압박하고
> 짐들이 우리를 괴롭힐지라도,

그분은 절대 우리를 내버려 두지 않으신다.

하나님은 여전히 보좌에 계시고
그분은 결코 자신의 소유를 버리지 않으신다.
그분의 약속은 진실하고,
그분은 당신을 잊지 않으신다.
하나님은 여전히 보좌에 계신다.

그분은 "전에도 계셨고 이제도 계시고 장차 오실" 영원하신 하나님이다(출 3:14 참조). 본질적으로 영원한 존재이시지만, '장차 오실'이라는 구절은 영원한 존재보다는 그분의 왕국을 완성하기 위해 예수님의 모습으로 하나님이 돌아오실 때가 임박했음을 더 강조한다는 점에 유의해야 한다.

네 생물의 찬양은 이십사 장로의 찬양으로 이어진다(9-11절). '경배'라는 말은 누군가의 발 앞에 엎드려 절하는 것을 의미한다. 얼마나 영광스럽고 적절한 반복인가? 그들은 그분 앞에 엎드리고 또 엎드렸다! 요한계시록에서 처음으로 하나의 경배 행위를 두 단계로 설명하기 위해 '엎드리다'(to fall down)와 '경배하다'(to worship) 두 동사를 함께 사용하고 있다. 따라서 이 둘은 동의어로 보인다(계 5:14; 7:11; 11:16; 19:10; 22:8; 마 2:11; 4:9; 18:26; 행 10:25; 고전 14:25 참조).

장로들은 왜 엎드렸을까? 그들은 계속 반복해서 땅에 엎드렸고, 하나님의 임재 앞에서 몸을 가누지 못했다(계 4:10; 5:8,14). 살아 있는 네 생물 중 하나가 그들을 밀어 버렸을까? 그저 천상의 예식에 대한 기계적인 복종이었을까? 그들이 무엇을 보거나 듣고, 느끼거나 믿거나 생각했기에 그렇게 과장된 반응을 하게 된 걸까? 무엇이 그들을 계속해서 엎드리게 만들었을까?

그들은 서자마자 쓰러진다! 순간적으로 평정심을 잃은 것에 당황하며 넘어졌다가 정신을 차린 뒤에 몸을 털며 일어나는 것이 아니다. 그들은 서 있다가, 정신을 차리고 쓰러진다! 그 순간 합리적이고 이성적이고 현명하게 행동하는 유일한 방법은 넘어지는 것이다! 그들은 그렇게 아름답고 영광스러운 임재 가운데 서 있는 것을 견딜 수 없다. 계속 똑바로 서 있는 것만큼 부적절하거나 잘못된 일은 없을 것이다. 그들은 다쳤거나 연약하거나 겁을 먹거나 두려워서 넘어진 것이 아니다. 놀라서 넘어진 것이다!

왜 네 생물은 밤낮으로 찬양을 멈추지 않을까? 단순한 '직책이나 본분'을 표현하는 걸까? 그들의 경배는 강요된 것일까? 절대로 그럴 리가 없다! 모든 대안을 고려해 보자. 하나님의 영광을 끝없이 경배하며 기뻐하는 것을 무엇과 비교할 수 있겠는가?

아무도 그들의 머리에 총을 겨누거나 지옥에 대한 두려움으로 예배를 거부하라고 위협하지 않았다. 왜 멈춰야 하는가? 그들은 누구를 위해 찬양을 포기해야 하는가? 무엇을 하고, 어디로 가려고? 무엇과 비교할 수 있을까? 무엇과 겨룰 수 있을까? 무엇과 경쟁할 수 있을까? 매력과 충족함, 그리고 만족과 황홀감에 있어서 무엇과 맞설 수 있을까? 이보다 더 즐거운 것이, 이보다 더 아름다운 것이 있을까?

요한계시록 4-5장에서 보는 것과 같은 참된 예배는 끝이 없을 뿐 아니라 자유롭다. 보좌 주변의 분위기는 활기가 넘친다. 기쁨과 두려움, 경외의 표현이 끊이지 않는다. 안타깝게도 하늘과 달리 지상의 모든 대륙의 교회에서는 예배를 두고 전쟁이 계속되고 있다. 어떤 사람들은 온갖 이벤트가 풍성한 서커스 같은 분위기를 즐기지만, 다른 교회의 일요일 아침은 너무도 조용해서 흡사 영안실 같다! 사람들은 통제할 수 없는 광란과 움직일 수 없는 경직성 사이에서 고민한다.

우리의 개인적인 취향에도 불구하고, 하늘에서는 하나님을 향한 열정이 타오르고 있다. 그분의 존전 앞에 모두가 엎드린다. 찬양은 열정적이고, 기쁨이 넘쳐난다. 감정을 두려워하지 않는다.

나는 이런 것이 누군가를 불안하게 할 수 있다는 사실에 놀랐다. 성경의 중심인물들에 대해 잘 알지 못하기 때문일까? 이스라엘의 왕 다윗을 생각해 보자. 사람들이 왜 시편을 사랑하고, 도움이 필요할 때마다 찾는다고 생각하는가? 사실상 하나님에 대한 거룩한 절망을 경험한 시편의 저자, 그의 열정만큼만 보라. 그는 열렬한 갈망과 깊은 감사, 하나님의 임재에 대한 열망으로 심장이 뛰는 사람, 하나님을 향한 열정과 갈증, 굶주림을 가진 사람, 하나님을 기뻐하고 행복해하며 즐거워하는 사람, 불의가 만연한 가운데 의를 찬양하는 데 열심이 있는 사람이었다.

이번에는 사도 바울을 생각해 보자. 그를 감정적이거나 열정적인 사람으로 생각하지 않을 수도 있다. 하지만, 그의 편지에는 영혼을 향한 간절한 열망이 가득하다. 그의 마음은 하나님에 대한 사랑으로 불타올랐고, 구주에 대한 고귀한 생각으로 가득 차 있었다. 그는 이 땅의 안락함을 기쁘게 거절하고, 모든 것을 배설물로 여기며(빌 3:8), 예수님을 아는 비할 데 없는 감격을 경험할 수 있었다. 그는 사랑에 사로잡혔고, 때때로 긍휼의 눈물을 흘리며, 예수 그리스도의 교회에 해를 끼치는 자들로 인해 거룩한 분노가 일어나기도 했다.

바울의 편지는 하나님의 백성을 향한 사랑으로 가득 차 있다(고후 12:19, 빌 4:1, 딤후 1:2, 살전 2:7-8). 그는 그들을 향한 자신의 사랑의 마음(빌 1:8 KJV; 몬 1:12, 20), 연민과 자비(빌 2:1)와 마음의 괴로움과 행복을 위해 흘린 눈물(고후 2:4), 잃어버린 자들에 대한 끊임없는 슬픔(롬 9:2), 그리고 그의 넓어진 마음(고후 6:11)에 대해 말한다.

예수님은 거룩한 사랑으로 마음과 영에 큰 감동을 받으신 열정적인 분이셨다. 그분은 '심한 통곡과 눈물'(히 5:7)로 기도하는 것을 부끄러워하거나 주저하지 않으셨다. 복음서 기자들은 그분이 놀라움과 슬픔, 탄식(막 3:5), 열심(요 2:17), 울음(눅 19:41-42), 간절한 소망(눅 22:15), 동정과 긍휼을 경험하셨다고 말한다. 또한 연민과 동정심(마 15:32; 18:33), 분노(요 2:13-19), 사랑(요 15:9), 기쁨(요 15:11)을 느끼셨다.

누가복음 10장 21절에는 주님이 아버지께 기도할 때에 "성령으로 기뻐하셨다"고 기록되어 있다. 그분은 요한복음 15장 11절과 17장 13절에서 그분의 중요한 목표 중 하나가 제자들의 기쁨을 온전케 하는 것이라고 선언하셨다. 그러므로 우리의 기쁨은 우리 안에 계신 예수님의 기쁨이다!

나는 열정, 열심, 기쁨, 즐거움, 정열이 없이는 하나님의 크신 일을 진정으로 이해하고 감사할 수 없다고 생각한다. 완고한 영적 무분별은 인간의 영혼이 그와 같이 영원한 영광의 계시에 크게 감명받거나 강하게 감동받지 못하도록 막을 뿐이다.

천국의 백성들은 개인의 영예나 권세나 권위가 궁극적으로 하나님의 것임을 인정하기 위해 면류관을 벗어 던질 수밖에 없다고 느낀다. 그들은 "주의 뜻대로 있었고 또 지으심을 받았나이다"(4:11)라고 하며 창조주께서 영광과 존귀와 능력을 받기에 합당하다고 선포한다.

그런데 만물이 창조보다 먼저 '존재'할 수 있을까? 어떤 의미에

내가
여호와께 바라는
한 가지 일
그것을
구하리니
곧 내가 내 평생에
여호와의 집에
살면서
여호와의
아름다움을
바라보며
그의 성전에서
사모하는
그것이라

시편 27:4

ONE THING
원띵

하나님의 아름다움을 향한 열정 개발하기

서 모든 것은 '먼저' 하나님의 마음에 존재하였고, 그분의 뜻에 의해 생겨난 것이다. 또는 박해받는 하나님의 백성을 그들에게 일어나는 모든 일은 창조주의 궁극적인 목적에 포함된다는 확신으로 격려하기 위해 창조 이전에 만물의 보존이 언급되었을 수도 있다.

구세주!

이제 요한계시록 5장으로 넘어가자. 나는 G. B. 케어드의 말에 동의한다. "구약 성경에 예표된 하나님의 구속 계획은 죄 많은 세상을 다스리시는 하나님의 주권을 주장하여 창조 목적을 성취하는 것이다. 요한은 십자가에서 시작하여 새 예루살렘에서 승리의 정점에 이르기까지 이 계획의 전체 과정을 추적할 것을 제안한다."[2] 이 두루마리에는 기독교인과 비기독교인 모두가 어떻게 될 것인가에 대한 역사의 내용과 과정, 완성이 포함되어 있다(시 139:16 참조).

책을 펴기에 합당한 사람을 찾기 위해 하늘과 땅의 모든 피조물이 움직이지 않고, 말도 하지 않고 서 있다. 역사를 정해진 종말에 이르게 할 수 있는 사람이 아무도 없는 것인가? 요한은 하나님의 구속이 연기되는 것을 생각하며 울었다. 역사에 대한 권한을 취하여 하나님의 대적들이 심판받고, 그분의 백성이 의롭게 될 것이라고 확신할 수 있는 사람이 아무도 없는 것인가?

그는 사자를 볼 것이라고 생각하다가 어린양을 보고 놀랐다! 그것이 '어린양'이라는 사실은 그의 속죄의 희생을 가리킨다(사 53:7, 아마도 유월절 어린양도 생각하고 있을 것이다). 그러나 이 어린양은 마치 죽임을 당한 것처럼, 문자 그대로 '도살된' 것처럼 서 있었다. 그러나 그 양이 죽임을 당했다면 어떻게 서 있을 수 있겠는가? 바로 부활이다! 이 어린양은 죽음과 주권의 표, 곧 메시아의 정복자로서의 완전한 권세를 상징하는 '일곱 뿔'과 완전한 지혜를 나타내는 '일곱 눈'을 가지고 있다.

승리는 칼이 아니라 희생으로 이루어진다. 십자가로 승리하신 예수 그리스도! 삶을 변화시키고 역사를 편성하는 능력은 십자가에 못 박힌 목수의 사랑에서 나온다.

'한가운데에'(6절, KJV)라는 단어는 어린양이 실제로 보좌에 앉아 있고, 네 생물과 이십사 장로들에게 둘러싸여 있음을 암시한다. 그러나 어린양이 보좌 가까이에 서 있을 가능성이 더 크다. 7절에서 그가 보좌로 나아가서 그 위에 앉으신 이에게서 책을 취하는 것으로 묘사되기 때문이다. 다시 한번 우리는 아버지의 보좌 우편에 계신 아들에 대한 신약의 일관된 묘사를 본다.

이러한 구속의 영광 앞에서 적절한 반응은 단 하나, 즉 노래하는 것이다! "성도의 기도"(8절)는 개인적인 복을 위한 단순한 요청이나 간구 이상의 것이다. 그것은 6장 9-11절과 8장 4절에 설명된 원수들에 대한 의로운 보복을 구하는 교회의 간절한 탄원일 가능성이 더 크다.

어린양이 악의 세력을 물리치고 새 창조를 시작하셨기 때문에 그들은 '새' 노래를 부른다(시 98:1-3; 사 42:10-13 참조). 왜 어린양이 찬양받기에 합당하신가? 그가 죽으심으로 땅의 모든 곳에서 남자와 여자를 구원하셨고, 그들을 구속하심으로 왕국과 제사장으로 세우셨기 때문이다. 우리는 왕과 제사장으로서 하나님을 찬양하고 경배하기 위해 하나님의 왕국에 왔다. 이와 관련해서 마이크 비클은 종종 이렇게 말했다. "어떤 하나님이 자신의 적들을 왕으로 만드는가?"

갑자기 찬양이 폭포처럼 쏟아지게 하는 효과가 있다. 거룩한 기류가 하늘을 휩쓸고 있다. 합창단이 하나님의 위엄을 노래할 때, 어린양에 대한 경배는 점점 더 확산된다(11-13절 참조). 처음에는 네 생물이 찬양의 노래를 부르다가 이십사 장로들이 합류한다. 11절에서는 무수히 많은 천군과 천사들이 그 뒤를 따른다. 그리고 그것으로 충분하지 않다면 13절에서 "하늘 위에와 땅 위에와 땅 아래와 바다 위에와 또 그 가운데 있는 모든 피조물"이 어린양을 찬양하기 시작하는 것을 볼 수 있다! 12절의 외침은 거대한 종소리처럼 울려 퍼진다.

능력과 부와 지혜와 힘과 존귀와 영광과 찬송을 받으시기에 합당
하도다

그럼에도 불구하고 그들은 멈추지 않고 13절로 이어진다. 내가 이 피조물에게 합당한 기쁨을 영감 어리게 묘사한 것을 읽었을 때, 4세기 유대인 신비주의자들이 창조주의 영광을 바라보면서 묘사한 의인화된 하나님의 환상이 떠올랐다. 사역하는 천사들은 보좌 옆 그들의 자리에서 하나님께 찬양을 부른다.

..

사랑스러운 얼굴, 장엄한 얼굴
아름다움의 얼굴, 불꽃의 얼굴
이스라엘의 주 하나님이 영광의 보좌에 앉으실 때,
그분의 얼굴, 그분의 찬란한 자리에서 찬양의 옷을 입고,
그분의 아름다움은 노인의 아름다움을 능가한다.
그분의 아름다움은 신혼집의 화려함보다 더 빛난다.

누구든 그분을 보는 사람은 순간적으로 마음이 찢겨진다.
그분의 아름다움을 보는 사람은 즉시 녹아 없어진다.
주님을 섬기는 자들은 마음이 설렌다.

그들의 눈은 왕의 아름다움의 찬란함과 광채에 어두워진다.[3]

요한계시록 4-5장에서 아름다움과 거룩함과 위엄으로 경배받으시는 하나님이 나팔과 대접으로 진노와 멸망과 공포를 쏟으시는 분과 동일한 하나님이심을 잊지 말라. 요한계시록 4-5장에서 하나님을 경배하는 네 생물은 6장 1절에서 처음 네 개의 인으로 말 탄 자 네 명을 불러낸다. 일곱 나팔은 하늘에 계신 하나님 앞에 서 있는 일곱 천사에 의해 울리고 있다(8:2,6).

그리고 4장 9-10절에서 하나님을 "세세토록 살아 계시는 이"로 칭한 것은 15장 7절의 "하나님의 진노를 가득히 담은 금 대접"과 연관돼 있다. 네 생물이 끊임없이 기뻐하며 사모하는 하나님은 역사를 종말에 이르게 하는 무시무시한 심판으로 의분과 능력을 드러내는 분과 동일한 하나님이시라는 사실을 부인할 수 없다.

더욱 분명한 것은 일련의 심판 중 일곱 번째와 4장 5절의 진술 사이의 문학적 연결이다. 4장 5절은 보좌에서 내려오는 "번개와 음성과 우렛소리"에 대해 언급한다. 이어 일곱 번째 인의 심판(8:5) 시작과 일곱 번째 나팔 소리(11:19), 일곱 번째 대접에서 쏟아지는 소리(16:18-21)에서 이 공식이 나타난다. 다시 말해서 요한계시록 4-5장에 기술된 하나님의 거룩함이 인과 나팔과 대접으로 악을 심판하시는 것에서 가장 분명하게 드러난다.

중요한 교훈

나는 앞에서 송축과 높임 또는 기뻐 뛰는 것과 찬양 사이의 관계에 대해 이야기하며, 각각의 경우 전자가 후자의 서곡이자 근거라고 주장했다. 그러나 우리의 경험에는 기뻐 뛰는 것과 찬양에 선행하는 또 다른 단계, 즉 교육이 있다.

하나님이 누구신지, 그분이 어떻게 생각하고 느끼시며, 왜 그렇게 행하시는지 모른다면, 우리는 기뻐할 근거도, 축하할 이유도, 그분 안에서 만족을 찾을 근거도 없다. 그렇기 때문에 요한계시록 4-5장에 나오는 천국의 환상을 주의 깊고 세심하게 연구하는 것은 그리스도인의 삶에 매우 중요하다.

하나님을 기뻐하는 것은 지식이 전혀 없는 상태에서 일어날 수 없다. 우리의 기쁨은 하나님이 참되시다는 것을 알고 믿음으로써 얻어지는 열매이다. 지적인 빛(즉, 하나님에 대한 지식)이 없는 기쁨과 즐거움, 마음의 기쁨과 같은 감정적 열정은 쓸모가 없다. 더더구나 그것은 광신과 우상숭배로 이어질 수밖에 없기 때문에 매우 위험하다. 천국 백성들의 경험은 하나님에 대한 우리의 지식(교육)이 그분에 대한 기쁨(환희)의 원인 또는 근거이며, 그분의 찬양과 존귀와 영광(송영)의 열매로 꽃을 피우는 이유임을 확인시켜 준다.

이것은 우리에게 신학의 궁극적인 목표는 지식이 아니라 예배임을 말해 준다. 하나님에 대한 학문과 지식이 하나님을 기쁘게 찬양하는 것으로 이어지지 않는다면, 우리는 실패한 것이다. 우리는 찬양할 수 있다고만 배운다. 이것은 송영이 없는 신학은 우상숭배라는 말이다. 공부할 가치가 있는 신학은 노래할 수 있는 신학뿐이다!

영광스럽고 영원한 실재!

얼마나 아름다운가! 얼마나 초월적인 영광인가! 그 깊이는 헤아릴 수 없고, 그 기간은 끝이 없다. 그 정도는 헤아릴 수 없으며, 말로 표현할 수 없다. 이것은 당신이 결코 내려올 필요가 없는 영원히 계속되는 최고의 영적 상태이다. 우리에게는 오직 증가와 확장, 영원한 성장과 끝없는 강렬함만이 있을 뿐이다.

우리는 요한의 환상이 마치 머나먼 꿈, 이 땅에 사는 우리가 의심할 수밖에 없는 미묘하고도 먼 천국의 현상인 것처럼 상관 없다고 무시해서는 안 된다. 이것은 가상현실이 아니다. 이것은 컴퓨터로 생성된 복제품이 아니다. 그것은 지금 이 세상이 줄 수 있는 그 어떤 것보다 훨씬 더 실제적이다.

영광스러운 성령님은 이 영감 어린 묘사의 각 음절을 취하여 불타오르게 하실 수 있다. 그러면 그 진리와 삶을 변화시키는 능력의 불이 우리 마음속에서 영원히 타오르게 된다. 그리하여 우리가 위대하고 영광스러운 하나님을 즐거워하고 누리면서 하늘에 있는 구원받은 성도들과 이십사 장로들과 네 생물과 셀 수 없는 수백만 천사들과 함께 찬양할 수 있기를 소망한다!

chapter 5

은하계의 장엄함

하늘이 하나님의 영광을 선포하고

궁창이 그의 손으로 하신 일을 나타내는도다

(시 19:1)

오늘날 우리는 슬프고도 기이한 현상을 목격하고 있다. 사회 전반에 심각한 전염병이 돌고 있으며, 그것이 교회에도 강력한 영향을 끼치고 있다. 이것이 무서운 것은 많은 기독교 지도자들이 그것의 성장에 박수를 보낸다는 것이다. 많은 사람들이 그것의 인기를 이용하여 종교적 언어로 세례를 주기까지 했다.

나는 지금 인간의 영혼에 대한 강박적인 집착에 대해 이야기하고 있다. 인간의 영혼이 스스로 굴복하여 자신의 상태와 조건, 관심사에 사로잡혀 있다는 것이다. 영혼은 과도한 자기 성찰과 자존감을 높이려는 정교한 시도로 자신의 필요와 갈망을 먹고 기생하게 되었다.

그러나 당신의 영혼은 결코 이것을 위해 존재하는 것이 아니다. 당신은 더 나은 것을 위해 지음 받았다. 당신은 '자신'보다 훨씬 더 복잡한 것, 비교할 수 없을 정도로 더 아름다운 것을 바라보기 위해 지어졌다. 당신은 하나님을 기쁘게 묵상하기 위해 창조되었다.

어떤 사람들은 이것이 기독교 쾌락주의와 일치하지 않는다고 생각한다. 어떻게 '영혼'이 쾌락을 추구하는 것을 옹호하면서 '자신'에 대한 관심을 거부하겠는가? 그럴 수 없다! 내가 반대하는 것은 "나에게 가장 좋은 것을 나에게서 찾을 수 있다"는 잘못된 가정이다. 나는 우리의 '영혼'에 대한 관심을 문제 삼는 것이 아니다. 자신의 문제에 대한 해결책이 '자신'이라는 잘못된 생각을 비난하는 것이다.

우리 '영혼'의 상태와 행복과 부르심에 대한 관심은 하나님께서 주신 참으로 선한 것이다. 하나님은 우리의 영혼이 그분의 영광을 마음껏 누리도록 초대하셨다. 영혼은 '나'가 아니라 하나님을 깊이 묵상하는 데서 가장 크고 심오한 기쁨을 찾는다.

하나님은 그분 안에 있는 비할 데 없는 기쁨을 나누시려고 넘치는 선하심으로 우리를 창조하셨다. 인간의 영혼에 이보다 더 좋거나 만족스러운 것은 없다. 영혼은 스스로 만족을 찾지 못한다. 그것은 투쟁이나 두려움, 감정, 승리에 있지 않고 하나님 안에 있다.

하나님은 우리가 이것을 할 수 있도록 만드셨다. 그분이 말씀하시자, 무(無)에서 우주가 급속히 확장되었다! 그분이 생각하시자, 은하들이 나타났다. 그분이 원하시자, 앞으로 존재하게 될 모든 것이

chapter 5
은 하 계 의   장 엄 함

나타났다.

당신이 진정으로 '자신'을 사랑한다면(우리 모두가 그렇다), '자신'에게서 시선을 거두고 스스로에게 호의를 베풀라. 주께서 말씀하신다. "나를 보라. 너의 영혼의 상태와 조건과 환경은 네가 나의 영광에 집중하는 만큼 선하게 바뀔 것이다." 그리고 이 영광은 어디에서 볼 수 있을까? 다윗은 "하늘이 하나님의 영광을 선포하고 궁창이 그의 손으로 하신 일을 나타내는도다"(시 19:1)라고 말했다.

눈을 들라!

시편 19편 1절이나 이와 유사한 다른 본문의 의미는 매우 오랫동안 우리와 동떨어져 있었다. 여기에서 시편 기자는 결코 끝나지 않는 천상의 교향곡 소리에 온 신경을 쏟게 한다. 이 시편은 읽으면 읽을수록 구성이 복잡해지면서 확장되는 이야기다. 이것은 상상할 수 없을 정도로 절묘하고 숨 막히는 예술작품이 있는 천국의 갤러리다. 이 모든 것의 초점은 우리의 기쁨과 그분 영광을 위해 피조물의 예술성과 아름다움을 드러내시는 하나님의 위엄이다. 우리 각자는 전능하신 창조주의 작품을 보기 위해 헤아릴 수 없을 정도로 깊은 하늘과 우주를 들여다보는 천문학자가 되라는 신성한 명령을 받았다.

단순히 하나님이 무한하시다고 말하는 것은 효과가 없다. 우리에게 있어 무한은 기껏해야 지구의 대기를 벗어나거나 인간의 능력을 초월하는 것이다. 우리는 하나님을 우리가 사는 지구를 만드시고, 태양계 너머 어딘가에 있는 천국이라 불리는 곳에 살고 계시는 분 이상으로 생각하지 않는다.

하나님의 무한함을 이해하기에는 우리의 인지 시스템이 터무니없을 정도로 무능하다. 우리의 생각이 너무 편협하고 제한적이어서 하나님의 영광을 인간의 기준에 맞춰 축소시킬 위험이 있다. 그럴 경우, 하나님의 능력을 의심하게 될 수 있다.

우리에게 필요한 것은 치수와 모델, 그리고 관련지을 수 있는 체계다. 하나님은 그 능력이 무한하시고, 우주 어디에나 계신다는 말은 신학적으로는 사실이지만, 경험적으로는 진부한 것이다. 나는 과학자는 아니지만, 대부분의 사람들이 한 번도 가 본 적 없는 짧은 여행에 당신을 초대하고 싶다. 잠시 멈춰 서서 하나님의 아름다움을 보라!

놀라운 빛의 속도

당신이 비행기를 타 본 경험이 있고, 미국뿐만 아니라 지구를 횡단할 수 있는 속도를 이해할 수 있다고 가정해 보자. 비행기가 시속 500마일 미만으로 비행하는 경우는 거의 없기 때문에 가까운 거리에도 일관된 속도를 낼 것이다.

이것은 빛의 속도에 비하면 매우 느린 것이다. 우리는 학교에서 빛이 (시간당이 아니라) 초당 186,000마일이라는 놀라운 속도로 이동한다고 배웠다. 더 정확하게 말하면 초당 186,282.4마일이다. 이 속도는 시속 6억 7천만 마일로 변환할 수 있다! 이것은 상상할 수 없는 차원의 속도이다.

이것을 보다 이해하기 쉽게 설명하자면, 1초에 섬광이 지구 전체를 일곱 바퀴 돌 수 있는 속도다! 달은 지구에서 240,000마일 떨어져 있지만, 빛은 그곳까지 가는데 1.3초밖에 걸리지 않는다. 창조 세계에 대한 이 단순한 지식만으로도 창세기 1장 3절을 보는 관점이 완전히 달라질 것이다. "하나님이 이르시되 빛이 있으라 하시니 빛이 있었고." 그분은 그것을 더 빨리 만드실 수 있었지만, 우리의 두뇌가 계산하기에는 한계가 있다.

앞으로 여러 차례 언급할 중요한 척도는 광년이다. 광년은 빛이 1년 동안 이동하는 거리다. 계산기로 186,000에 60을 곱하면 빛이 1분 동안 이동하는 거리가 나온다. 여기에 60을 곱하면 1시간 동안 이동하는 거리가 된다. 거기에 24를 곱하면 하루에 이동하는 거리가 되고, 여기에 365를 곱하면 1년 동안 이동하는 거리, 즉 광년이 된다. 따라서 빛이 초당 186,000마일씩 움직이면 365일 동안 6조

(6,000,000,000,000) 마일을 이동할 수 있다. 이것은 달까지 약 1,200만 번 왕복하는 것과 맞먹는 거리다. 이렇게 보니 정말 **빠르다!**

이제 한심할 정도로 느리게 느껴지는 시속 500마일의 상업용 747 제트 항공기로 돌아가 보자. 안전벨트를 매고 잊지 못할 여행을 함께 떠나자.

별과 은하까지의 거리

제트기를 타고 달까지 시속 500마일로 날아간다고 가정해 보자. 하루 24시간 내내 쉬지 않고 여행한다면, 목적지에 도착하는 데 3주도 걸리지 않을 것이다. 지구에서 9,300만 마일 떨어진 태양을 방문하고 싶다면, 21년 조금 넘게 걸릴 것이다. 그리고 태양계에서 가장 멀리 떨어진 명왕성에 가고 싶다면, 꼬박 900년 이상이 걸릴 것이다! 물론 그때쯤이면 모두 죽고 없겠지만, 내가 말하고자 하는 요점을 이해했으리라 믿는다.

밤하늘이 맑다면, 밖에 나가서 하늘을 바라보라. 그리고 별을 하나 선택하라. 아무 별이나 좋다. 언뜻 보기에는 꽤 가까운 것 같다. 그렇다면 그 별에 한 번 방문해 보는 것은 어떨까? 확실히 그렇게 오래 걸릴 것 같지 않다. 손을 뻗으면 만질 수 있을 것 같다.

지구에게 가장 가까운 별은 '알파 센타우리'라고 불리는 별자리다. 그중 가장 가까운 것은 지구에서 4.3광년 떨어진 프록시마 센타우리다. 52주 내내 쉬지 않고 동일한 속도로 여행한다면, 불과 600만년 만에 지구에서 가장 가까운 별에 도착할 것이다. 무려 600만년 동안 시속 500마일로 말이다. 이해가 되기 시작했는가?

여행의 속도를 조금 더 높여 보자. 비행기로 지구에서 태양까지 단 한 시간 만에 갈 수 있다고 가정해 보자. 시속 9,300만 마일로 이동하는 셈이다. 이 속도가 가늠이 되는가? 시속 9,300만 마일로 쉬지 않고 여행하더라도 지구에서 약 10.9광년 떨어진 백조자리에 도달하려면 78년 이상 걸린다.

이번에는 우리 은하에서 가까운 안드로메다 은하를 살펴보자. 안드로메다 은하는 우리 은하와 거의 똑같은 거대한 나선 모양의 은하다. 천문학자들은 그 중심에 태양 질량의 100만 배에 달하는 블랙홀이 있을 것으로 본다.

안드로메다는 지구에서 가장 가깝지만, 여전히 250만 광년(1,500경 마일) 떨어져 있다. 어두운 가을 밤에도 작고 흐릿한 빛이라 육안으로는 거의 보이지 않는다. 어떤 사람들은 그것이 초당 75마일의 속도로 우리를 향해 다가오고 있다는 소식을 듣고 두려워한다. 그러나 그로 인한 재앙을 피하기 위해 서두를 필요가 없다. 지구로부터의 거리를 감안할 때, 그 속도라면 약 60억 년 안에 우리 은하에 도달할 수 있을 것이다! 30억 년밖에 걸리지 않을 것이라고 하는 사람들도 있다.

(당신의 두뇌가 계산을 할 수 있다는 가정 하에) 안드로메다로 가는 여정은 4조 2천억 년 동안 지속될 것이다. 이제 계산을 따라가는 데 한계가 느껴질 것이다.

나는 최근에 허블 우주 망원경으로 찍은 사진이 담긴 포스터를 구입했다. 그것은 지구에서 가장 먼 은하, 적어도 허블이 감지할 수 있는 가장 먼 은하를 보여 주는 것이라고 한다. 천문학자들은 그 은하가 지구에서 약 130억 광년 떨어져 있다고 추정한다. 광년은 6,000,000,000,000(6조)마일이라는 것을 기억하라. 그렇다면 이 은하는 지구에서 78,000,000,000,000,000,000,000마일 떨어진 곳에 있다고 할 수 있다! 다시 말해서, 지구에서 780해 마일 떨어져 있는 것이다.

나는 간신히 시속 65마일로 서너 시간을 운전할 수 있다. 대신 미리 맥도날드에서 식사를 하거나 휴식을 취해야 한다. 그런데 시속 500마일의 속도로 52주 동안 1초도 쉬지 않고 여행한다면, 이 여정을 감당할 수 있겠는가? 무려 20,000,000,000,000,000년(2경 년)이다! 그런데 이것은 현존하는 최고 성능의 망원경이 아직 탐지한 적 없는 가장 먼 지점까지 우리를 데려다 줄 뿐이다. 우주가 무한하다면, 이 은하조차 우주 저 너머에 있는 변두리에 불과할 것

chapter 5
은 하 계 의   장 엄 함

이다.

여기 당신이 심사숙고해야 할 한 가지가 더 있다. 지구를 자몽 크기로 축소해 보자. 무게는 신경 쓰지 말고 크기만 기준으로 하면, 달은 약 4미터 안 되는 곳에 있는 탁구공과 같을 것이다. 그리고 태양은 1마일 떨어진 곳에 있는 4층 건물 정도의 커다란 공이 될 것이다. 명왕성은 37마일 떨어진 곳에 있는 보이지 않는 구슬 같을 것이다.

이제, 전체 태양계를 그 자몽에 넣어 보자. 가장 가까운 별은 그것으로부터 0.5마일 이상 떨어져 있을 것이고, 은하수는 12,000마일에 달할 것이다! 이제 전체 은하수를 자몽 크기로 줄여 보자! 우리에게 가장 가까운 은하인 안드로메다는 10피트 거리에 있고, 처녀자리 은하단은 축구장 크기만큼 멀리 떨어져 있을 것이다.

하늘의 수많은 별들

우리는 시간이 얼마나 오래 걸리는지 알았다. 이제 시간이 더 빨리 흐르게 하려면 어떻게 해야 할까? 시카고에서 달라스로 여행하면서, 자동차들을 다 셀 수는 없다. 별들은 어떤가? 그 정도는 수월할 것이다. 어쨌든 대부분의 사람들이 뒷마당에서 맑은 밤하늘을 보며 그렇게 하려 한다.

우리는 태양이 단지 하나의 태양계에 속한 별 하나에 불과하다는 사실을 기억해야 한다. 태양계는 우리가 은하수(The Milky Way)라고 부르는 은하계의 일부이다. 은하수의 지름은 약 100,000광년이다. 다시 말해서, 빛의 속도로 초당 186,000마일을 여행할 수 있다면, 은하수를 가로지르는 데 100,000년이 걸린다.

그것은 불룩한 중심부와 평평한 나선형 팔을 가지고 있다. 행성이 태양 주위를 도는 것처럼, 은하수의 별들도 거대한 블랙홀을 에워싸고 있다고 여겨지는 은하핵 주위를 돈다. 멀리서 보면 은하수가 별들로 빛나는 네 개의 거대한 나선형 팔로 천천히 회전하는 거대한 바람개비처럼 보인다. 이 팔 중 하나의 약 4분의 1 지점에 위치한 태양은 2억 5천만 년마다 은하계를 한 바퀴 돈다.

우리 은하에만 몇 개의 별이 있을 거라고 생각하는가? 날씨가 가장 좋은 밤에는 육안으로 4,000개의 별을 볼 수 있다. 은하수에는 1,500억에서 2,000억 개의 별이 있다! 그리고 우리 은하는 각각 수천억 개의 별을 가진 약 1,500억 개의 은하 중 하나에 불과하다. 처녀자리로 알려진 은하에는 5조 개 이상의 별이 있다고 한다.

이렇게 생각해 보자. 해변에서 손을 뻗어 양손 가득 모래를 잡아 보라. 그리고 모래알을 세어 보라! 당신은 아마도 모래 알갱이를 세다가 놓쳐서, 결국 절반도 세지 못하고 포기할 것이다. 그런데 지구에 있는 모든 해변의 모래 알갱이를 전부 합해도, 우주의 은하에 있는 별의 수에 미치지 못할 것이다. 그런데 우리 하나님은 그 모든 것을 만드셨다! 더 놀라운 것은 그분이 각각의 이름을 모두 지으셨다는 것이다!

시편 기자는 "그가 별들의 수효를 세시고 그것들을 다 이름대로 부르시는도다"(시 147:4)라고 했다. 이어지는 구절은 다음과 같다. "우리 주는 위대하시며 능력이 많으시며 그의 지혜가 무궁하시도다"(시 147:5). 이 얼마나 절제된 표현인가!

어마어마한 행성의 크기

지름이 864,000마일에 불과한 태양은 별치고는 약간 작은 편이다. 비교적 작긴 하지만, 지구를 100개 이상 일렬로 늘어놓아도 태양의 지름에 미치지 못한다. 또한 태양을 구성하는 물질로 지구 크기의 행성을 333,000개나 만들 수 있다. 태양의 표면 온도는 5,500℃이지만, 중심 온도는 섭씨 15,000,000도이다. 이것은 상상도 할 수 없는 수치다.

천문학자들은 특히 우리 은하에서 가장 큰 별 중 하나인 '용골자리 에타'(Eta Carinae)에 집중해 왔다. 이 별은 먼 남쪽 하늘에 있는

데, 북반구 대부분의 지역에서는 보이지 않는다. 용골자리 에타의 지름은 4억 마일이 조금 넘는다. 만약 이 별이 태양의 자리에 있다면, 화성까지 모든 행성을 삼킬 것이다! 그것은 우리 은하가 있는 나선팔 안에 불과 7,500광년 거리에 있다.

우리 은하에서 가장 무거운 별인 용골자리 에타는 태양의 질량의 120배에 달한다. 그것은 1848년에 지금까지도 보이는 거대한 아령 모양의 가스와 먼지 구름을 분출했다. 우리는 지금 도시에 그림자를 드리우는 일반적인 구름에 대해 이야기하는 것이 아니다. 이 성운은 우리 태양계 전체 너비의 약 두 배 크기이다!

흔히 '반짝 반짝 작은 별'이라고 노래하지만, 사실은 그렇지 않다! 크기와 무게뿐만 아니라 용골자리 에타의 밝기도 정말 대단하다. 1,850억 마일(명왕성까지의 거리의 50배가 넘게) 떨어져 있는데도 불과 9,300만 마일 떨어져 있는 태양만큼이나 밝게 빛난다!

최근에 천문학자들이 태양보다 400억 배나 무거운 신비한 물체를 발견했다는 소식을 들었다. 그것이 태양의 2,000억 배에 가깝다고 말하는 사람들도 있다! 이것은 사상 최대의 블랙홀이거나 설명할 수 없는 새로운 현상이다. 이 물체의 질량은 우리 은하의 모든 별(1,500억 개의 별)을 합친 것과 같지만, 10,000배 더 작은 공간에 압축되어 있다.

눈부신 별들

용골자리 에타를 통해 배운 것이 있다면, 튼튼한 차양과 질 좋은 자외선 차단제 없이는 결코 우주여행을 해서는 안 된다는 것이다!

천문학자들은 최근 태양 1천만 개의 에너지로 빛나는 피스톨 별을 발견했다. 그렇다. 10도, 100도, 1,000도 아닌 10,000,000개의 태양이다. 믿어지지 않겠지만, 사실 태양은 우주의 다른 별들과 비교하면 상당히 어두운 편이다.

최근 가장 밝은 별의 폭발이 발견되었다. 이 폭발에 의해 방출되는 에너지의 양을 설명하는 것은 간단한 일은 아니지만, 한 번 해 보겠다. 이 별에서 방출되는 에너지는 태양이 일생 동안 생산하는 에너지의 10,000배에 해당한다! 어떤 사람들은 태양의 나이가 50억 년이라고 믿는다. 그렇다면 지난 50억 년 동안 태양이 방출한 에너지를 모두 더하고, 여기에 10,000을 곱해야 최근에 폭발한 별에서 방출된 에너지의 양이 된다!

퀘이사(Quasars)는 지극히 먼 나선 은하의 고에너지 핵이다. 최초의 퀘이사는 1960년대에 발견되었다. 그것들은 너무 강력해서 1,200,000,000,000,000마일 이내로 접근하면 기화되기 때문에 하늘에서 가장 외로운 물체다. 무려 1,200조 마일이다! 일부 퀘이사는 우리 은하 천 개만큼의 에너지를 방출하지만, 공간은 우리 태양계보다 약간 더 차지한다.

지구에서 약 27억 광년 거리에 3C-273이라는 퀘이사가 있다. 이 하나의 퀘이사는 우리 은하의 모든 별을 합친 것보다 100배나 많은 양의 가시광선을 방출한다! 1,500억 개 별의 100배에 해당하는 밝기인 것이다! 인상적이지 않은가? 또 다른 퀘이사 3C-48은 지구에서 37억 광년 떨어져 있으며, 우리 은하 전체의 10만분의 1도 안 되는 부피로 그것의 1000배에 달하는 빛을 내뿜고 있다.

카시오페이아라는 별자리는 10,000광년, 곧 60조 마일 거리에 있다. 이 별자리에는 카시오페이아 A라는 별이 있었다. '있었다'고 말한 이유는 그것이 약 320년 전에 폭발했기 때문이다. 아이작 뉴턴은 이 초신성에서 나오는 빛을 실제로 보았다고 한다. 카시오페이아 A가 폭발했을 때에 얼마나 밝았는지 아는가? 이것에 대해 정직하게 말하겠다.

나는 계절 중 여름을 싫어한다. 우리는 매일 햇빛에 장시간 노출될 경우의 위험성에 대해 새로운 소식을 듣게 된다. 나는 11월의 서늘함, 심지어 영하로 떨어지는 1월을 훨씬 더 좋아하기에 8월의 더위에 대해 불평하는 사람이다. 온도계가 화씨 90도(섭씨 30도)에 달하면, 태양이 9,300만 마일 떨어져 있다는 사실에도 불구하고 타는 듯한 느낌이 든다. 그런데 카시오페이아 A가 폭발했을 때, 그것은 태양 1000억 개의 밝기로 빛났다고 한다!

엄청난 폭발력

게 성운은 한때 지구에서 황소자리 방향으로 약 6,000광년 거리에 있는 거대한 별이었다. 이 별은 천 년 전에 폭발하여 성운을 형성했고, 폭발로 인한 빛은 1054년 중국의 천문학자들에 의해 처음으로 관찰되었다. 폭발 직전, 별의 핵은 중성자로 알려진 매우 조밀하고 빠르게 회전하는 소립자 공으로 압축되었다. 그 공은 폭발 후에도 남아 있었고, 너비는 12마일에 불과하지만, 밀도가 매우 높았다. 이것은 일정하게 10조 볼트의 전기를 방출한다. 잘 와 닿지 않는가? 이렇게 생각해 보자. 일반적인 번개를 상상하고, 거기에 3천만 배라고 생각하면 된다!

또 다른 초신성의 붕괴와 그것이 방출하는 에너지에 대해서도 읽은 적이 있다. 나는 제2차 세계대전이 끝나고 6년 후에 태어났지만, 나가사키와 히로시마에 투하된 원자 폭탄에 대한 영상을 많이 보았다. 그 폭발의 규모와 무시무시한 버섯구름은 우리의 양심에 깊이 새겨져 있다. 이제 이 원자 폭탄 천만(10,000,000) 개가 방출하는 에너지의 폭발력을 상상해 보라! 여기서 멈추지 말고 천만 개의 원자 폭탄이 우리 은하에 있는 일억(100,000,000) 개의 별 각각에서 동시에 폭발한다고 상상해 보라! 무시무시하지 않은가? 이것이 초신성 하나가 방출하는 에너지의 양이다!

여기서 한 가지 묻고 싶다. 조금의 수고나 힘도 들이지 않고 이것을 해내실 수 있는 하나님에 대해 어떻게 생각하는가? 그런 하나님이 얼마나 세심하게 당신의 필요를 채워 주시고, 당신의 영혼을 만족시키시며, 당신에게 모든 좋은 것을 공급하시겠는가? 어리석은 질문처럼 들리지만, 질문해 볼 필요가 있었다.

〈천문학〉(Astronomy) 2001년 11월호에는 궁수자리에서 약 3,000광년 거리에 있는 '붉은 거미 성운'(The Red Spider Nebula)이라는 행성상성운*에 대해 설명했다. 여기에는 죽은 태양 같은 별의 말할 수 없을 정도로 뜨거운 핵이 포함되어 있다. 이것이 화씨 900,000도이기 때문에 말로 표현할 수 없다고 한 것이다. 이 별의 잔해는 너무 뜨거워서 시속 9,000,000마일로 이동하는 바람이 표면에서 휘몰아치고, 주변의 성운 물질과 충돌하여 620억 마일이 넘는 거대한 파도가 생성된다. 시속 500,000마일 이상으로 이동하는 이 파도에 비하면, 하와이 해안의 50피트 파도가 초라하게 보인다. 한 번 이 파도에서 서핑을 해보라!

---

* 생애주기의 말기를 향해 가는 항성 주위에서 빛을 발하는 먼지와 가스의 구름.

블랙홀은 최신 할리우드 공상과학 영화에 등장하고 있는 매혹적이고 갈피를 잡기 힘든 주제다. 그러나 감히 가까이 다가오는 것은 무엇이든 잡아먹는 이 우주의 식인종에 대한 허구는 없다. 블랙홀은 매우 무거운 별의 생애 마지막 단계로, 결국 안쪽으로 잡아당기는 중력이 항성 스스로 붕괴될 정도로 커지게 된다.

블랙홀은 (완두콩 크기 정도로) 매우 작고 밀도가 높아서 빛조차도 표면의 엄청난 중력에서 벗어날 수 없다. 빛이 빠르다는 것을 기억하라. 빛은 초당 186,000마일로 이동한다. 그러나 블랙홀의 바깥 경계에 서서 블랙홀에서 멀리 떨어져 한 줄기 빛을 비추면, 빛이 휘어지며 구멍으로 사라진다.

상상을 초월하는 행성들의 무게

우리는 4년마다 올림픽 역도 선수들이 믿을 수 없을 정도로 엄청난 무게를 들어올리는 모습을 경이롭게 지켜본다. 종종 선수들이 바에 눌려 뼈가 부러지거나 근육이 찢어지는 것을 보며 움츠러들기도 한다. 자동차나 집을 들어 올리는 것은 거대한 기계에 맡긴다. 따라서 지구 전체를 들어 올리는 것은 우리가 보거나 생각할 수 있는 수준을 초월하는 일이다.

그렇다면 하늘은 얼마나 무거울까? 앞에서는 별과 같은 것들의 엄청난 크기에 주목했는데, 그 무게는 얼마나 될까? 별의 크기는 다양하며, 그중 일부는 지구 질량의 5천만 배에 달한다![1] 그리고 우주에는 1,500억 개의 은하가 있으며, 각 은하에는 수천억은 아니더라도 수백억 개의 별이 포함되어 있다! 무엇이 이 모든 것을 지탱하고 있는가? 누가 그것을 들고 있는 것인가?

물론, 하나님이시다! 그러나 그분은 결코 땀을 흘리지 않으신다. 그분은 결코 그 무게에 신음하지 않으신다. 결코 무릎이 접히거나 근육에 경련이 일어나지도 않는다. 그분은 하늘에 있는 몇 개의 별을 붙들고 계신 것이 아니라, 수십 억 개의 별 전부를 붙들고 계신다. 심지어 그것을 힘들이지 않고 하신다. 그분은 단지 생각만 하시는데, 그들 모두 굳건히 서 있다. 이것이 바로 하나님의 권세와 힘과 능력의 특성이다.

백색 왜성이라고 불리는 것이 있는데, 그 밀도가 강철의 백만 배나 되는 단단한 물질이 포함되어 있다! 그중 하나는 특별히 '시리우스 B'로 명명되었다. 이것의 밀도는 지구의 100만 배, 입방 인치당 1,000톤, 즉 2,000,000파운드다.

다양한 크기와 모양과 무게를 지닌 우주의 행성들 중에서 나는 특별히 중성자별에 매료되었다. 이것들은 별치고는 상당히 작아서 지름이 10마일도 안 되는 것들도 있다. 그러나 이렇게 작은 별들이 태양보다 질량이 더 높다! 이것은 당신을 믿을 수 없을 정도로 납작하게 만들어 버릴 수 있는데, 이 물질의 한 티스푼의 무게는 30억 톤이나 나간다. 잘못 본 것이 아니다. 30억 톤을 어떻게 계산할까? 어떻게 그것을 우리가 이해할 수 있는 말이나 이미지로 표현할 수 있을까?

한 가지 방법이 있다. 그것은 5천만 마리의 코끼리를 골무에 채우는 것과 같다! 중성자별의 작은 조각을 땅에 떨어뜨리면, 총알이 솜을 관통하는 것처럼 지구를 가르고 반대편으로 나올 것이다. 누가 그것을 만들었는가? 누가 그것을 제자리에 유지시키는가? 우리 하나님 여호와께서 "그 수효대로 만상을 이끌어 내시고, 그들의 모든 이름을 부르시며, 하나도 빠짐이 없이"(사 40:26) 보증하신다.

천체의 놀라운 크기와 무게를 보여 주는 마지막 예는 혜성이다. 헤일밥(Hale-Bopp) 혜성은 1997년 봄에 나타났다. 나는 미주리 주 그랜드뷰에 있는 발코니에 서서 그것이 지나가는 모습을 지켜보았다. 지상에서는 작게 보이지만, 그것에는 오대호를 모두 채울 만큼의 물이 포함되어 있었다!

1996년 봄에는 햐쿠타케 혜성이 하늘을 가로지르며 뻗어 있었다. 너무 멀리 떨어져 있어서 혜성의 꼬리가 얼마나 긴지 파악하기 어려운 경우가 많은데, 그것의 길이는 3억 5천만 마일이었다.

하나님은 얼마나 들어 올리실 수 있을까?

우리의 상상을 뛰어넘는 엄청난 무게에 대해 이야기하다 보니, 오래된 수수께끼가 생각난다. 하나님이 들어 올리지 못하실 정도로 무거운 돌을 만드실 수 있으실까? 로널드 내쉬는 이 문제를 다음과 같이 설명한다.

> 하나님이 드실 수 없을 만큼 무거운 돌을 만드실 수 있다면, 그분이 하실 수 없는 일(즉, 돌을 드는 것)이 있는 셈이다. 그리고 만약 하나님이 드실 수 없을 만큼 무거운 돌을 만드실 수 없다면, 그분이 하실 수 없는 일(이 경우에는 돌을 만드는 것)이 있는 셈이다. 하나님은 그런 돌을 만드실 수도 있고, 만들지 못하실 수도 있다. 그러므로 두 경우 모두 하나님이 하실 수 없는 일이 있게 된다. 두 경우 모두 하나님이 전능하지 않으시다는 결론을 내릴 수밖에 없게 된다.2)

그러나 이 반대가 성립하려면, 하나님께서 하실 일, 진정한 '과제'를 제시해야 한다. 그런데 그렇게 하지 않는다. 모든 돌을 만들고 들어 올리는 것을 포함하여 무엇이든 할 수 있는 존재에게 누구도

들어 올릴 수 없는 무거운 돌을 만들라는 요청은 일관성이 없다. 아무것도 제시하지 않은 것이나 마찬가지이다. 즉, 모든 돌을 들어올릴 수 있는 사람이 들기에는 너무 무거운 돌은 모순이라는 말이다.

마찬가지로 하나님이 존재하지 않는 것을 창조하신다는 것은 즉, 모든 돌을 들어 올리실 수 있는 분이 들지 못할 만큼 무거운 돌을 만드신다는 것은 말이 되지 않는다. 하나님이 논리적으로 창조될 수 없는 돌을 만드실 수 없다는 것은, 그분이 둥근 삼각형을 창조하지 못하신다고 주장하는 것만큼이나 전능하심에 위협이 되지 못한다. 그러므로 모든 것을 하실 수 있는 하나님께 찬양을 드리자!

보라, 당신의 하나님을!

잠시 멈추고, 지금까지 다룬 내용을 곰곰이 생각해 보자. 우리가 집이라고 부르는 이 우주의 크기를 적절하게 표현할 수 있는 단어는 아직 발견되지 않았다. 그러나 지금까지 설명한 것들의 광대함이나 거대함, 그리고 헤아릴 수 없고 측량할 수 없는 크기는 기껏해야 하나님의 손가락 끝에 있는 미세한 점에 불과할 것이다! 오, 하나님의 위엄과 탁월함과 측량할 수 없는 영광이 너무 커서 형언할 수 없는 그분의 아름다움을 계시하시기 위해 그것을 만드셨고, 지탱하시고 보여 주시는 것이다.

이러한 과학적 사실이 당신이 누구이고, 어떻게 살고 있는지와 무관한 데이터라고 생각하고 싶은 유혹을 물리치라. 하나님은 우리에게 그것들을 바라보고, 그 중요성을 깊이 생각해 보라고 권하신다. 특히 그분이 멀리 계신 것 같고, 냉담하며, 관여하지 않으시고, 무엇보다 무심하신 것처럼 느껴지는 인생의 계절에 말이다.

하나님께서 질문하실 때, 대답하는 것이 잘하는 것이다. 이것이 바로 이사야 40장에서 일어난 일이다. "거룩하신 이가 이르시되 그런즉 너희가 나를 누구에게 비교하여 나를 그와 동등하게 하겠느냐 하시니라"(사 40:25). 이 수사적 질문은 일부 이스라엘 사람들이 다른 신들에게 미혹되고 있었기 때문에 피할 수 없는 것이 되었다. 그들은 여호와를 바벨론의 신들과 비교해 보라는 압력에 굴복했다. 다른 신이 그분과 동등하거나 더 뛰어나며, 더 유능하고 기꺼이 도울 수 있으며, 무엇보다 더 많은 관심을 기울이고 있다는 말을 들었다.

하나님은 도전을 받으셨다. "너희는 눈을 높이 들어 누가 이 모든 것을 창조하였나 보라"(사 40:26). 잠시만이라도 당신 자신과 당신의 환경, 이 세상의 방식과 모든 경쟁자들에게서 눈을 떼고, 하나님이 어떤 분이신지 보라. 그분이 하신 위대한 일을 깊이 생각하라. 당신의 영혼이나 상황이 중요하지 않다는 말이 아니다. 쉽게 말해 당신이 하나님, 곧 자녀인 당신을 향한 강렬한 사랑만큼 당신을 위해 행하실 수 있는 분, 그 능력이 끝이 없고, 그 주권은 하늘의 궁창을 덮고 있는 전능하신 분의 손 안에 있다는 것을 의미한다.

하나님의 소망은 당신의 삶이나 고군분투나 실망을 최소화하는 것이 아니다. 그분의 의도는 당신이 그 무엇도 이렇게 크고 위대하신 하나님의 사랑의 팔에서 당신을 떼어 낼 수 없음을 알고, 소망을 얻는 것이다!

가나안 사람들은 하늘의 별들이 신들의 가시적 표현이라고 믿었다(왕하 17:16; 21:3; 암 5:26; 렘 7:18; 8:2; 44:17 참조). 그래서 모세가 신명기 4장 19절에서 해와 달과 별을 섬기지 말라고 명령한 것이다. 그것들은 경배받을 가치가 있기는커녕, 스스로 존재하지도 않는다. 다만 하나님의 뜻에 복종하여 그분에 의해 창조되고 유지될 뿐이다.

이사야 40장 26절은 다음의 네 가지를 말한다. 첫째, 하나님께서 그들을 창조하셨다. 하나님 외에 아무것도 없을 때, 하나님께서 말씀하시자 그들이 존재하게 되었다. 아무것도 없다가 존재하게 된 유일한 이유는 하나님께서 그렇게 말씀하셨기 때문이다. 둘째, 그분은 "수효대로 만상을 이끌어 내신다." 그들은 말 그대로 부동 자세로 있다가, 그분의 주권적인 법칙에 따라 자신의 자리에 놓인다. 셋째, 그분은 자신의 창조적 소유권을 나타내시며 모든 것의 이름을 부르신다. 마지막으로 "그분의 권세가 크고 능력이 강하므로 하나도 빠진 것이 없다."

그런데 왜 계속해서 "내 길은 여호와께 숨겨졌으며 내 송사는 내 하나님에게서 벗어난다"(27절)며 원망하는가? 이사야는 우리가 자주 하는 질문을 입에 올린다. "하나님은 어디에 계시지? 그분은 왜 신경을 쓰시지 않을까? 왜 내가 처한 이 상황에 아무런 조치도 취하지 않으시지? 그분은 내가 견디고 있는 이 불의를 보지 못하시는 것인가? 왜 아무런 조치도 취하지 않으시지? 왜 개입하지 않으시지? 더 이상 날 사랑하지 않으시는 걸까? 그분은 내 이름을 아실까? 내가 어디에 살고, 매일 무엇을 하는지 알고 계실까? 아니면 그냥 무능하신가?"

이사야는 그러한 투덜거림에 회의적이다. "너는 알지 못하였느냐 듣지 못하였느냐 영원하신 하나님 여호와, 땅 끝까지 창조하신 이는 피곤하지 않으시며 곤비하지 않으시며 명철이 한이 없으시며"(사 40:28). 별을 만드시는 것만으로도 피곤하실 것이다. 수조 개의 이름을 일일이 짓는 것은 말할 수 없이 지겨운 일일 것이다. 그런 다음 그것들을 모두 기억하려고 노력한다고 생각해 보자! 하나님께 초자연적인 명단이 있어서 자동적으로 검색이 되는 걸까? 그들이 이름표를 달고 있는 걸까? 무엇보다도 그분은 모든 것을 제자리에 붙잡아 놓으시기에 충분한 능력과 힘을 발휘하신다!

하나님은 결코 지치지 않으시며, 에너지가 소진되지 않는다! 하나님은 시작하기 전과 마찬가지로 모든 일을 마치신 후에도 무한하게 활력이 넘치신다. 그분은 자리를 비운 적이 없으시다. 하나님은 결코 실패하지 않으신다!

어떻게 이럴 수 있을까? 하나님은 창조되지 않은 창조주이시기 때문이다. 그분은 시작도, 끝도 없이 영원하시다. 당신과 나는 그분을 알고 있을지 모르지만, 그분을 완전히 알아내지는 못할 것이다. 그분의 마음과 길은 헤아릴 수 없다. 이것은 추상적인 개념이나 삶에 대한 천박한 관점이 아니다. 이런 분이 바로 우리 하나님이시다!

좋은 소식은, 하나님께서 그분의 능력을 독점하지 않으신다는 것이다. 그분은 관대하셔서 우리가 필요로 하는 모든 것을 우리와 나누실 것이다. "피곤한 자에게는 능력을 주시며 무능한 자에게는 힘을 더하시나니"(사 40:29). 참으로 놀랍다! 그분은 모든 일을 마치신 후에도 나눠 주실 수 있을 정도로 무한한 힘을 보유하고 계신다. 하나님은 절대로 가까이 오는 사람에게 이렇게 말씀하지 않으신다. "미안하구나. 도움을 주고 싶지만, 이 별들에게 모든 에너지를 다 써버렸어. 그렇게 많이 만들지 않았다면, 이런 곤경에 처하지 않았을 텐데. 나의 오산이었지. 다시는 그런 일이 일어나지 않도록 하겠다. 일주일 정도 쉬며 재충전할 시간을 보낸 후 다시 오마."

이사야는 30절에서 지상에서 가장 활력이 넘치고, 강하고, 끈기 있는 사람을 예로 든다. 그는 젊은이, 그중에서도 노화가 시작되어도 지장을 받지 않는 운동선수나 군인일 것이다. 전성기나 최고점에 있는 사람들도 제한된 자원을 가지고 있다. 우리가 내놓을 수 있는 최고의 것이 결국 고갈되면, 인간이 할 수 있거나 내밀 수 있는 것에 무슨 희망이 있겠는가?

그러나 우리는 절망하면 안 된다. "오직 여호와를 앙망하는 자는 새 힘을 얻으리니 독수리가 날개치며 올라감 같을 것이요 달음박질하여도 곤비하지 아니하겠고 걸어가도 피곤하지 아니하리로다"(사 40:31).

이것은 소극적으로 활동하지 않는 것이 아니라 부지런하고 간절히 인내하는 것이다. 하나님을 기다리는 것에는 다음의 세 가지 요소가 수반된다. 첫째는 하나님에 대한 완전한 의존이다. 그분이 말씀하신 진리를 받아들이고, 말씀하신 대로 행하시는 하나님께 자신의 영혼과 상황을 적극적으로 맡기는 것이다. 둘째, 하나님의 일정에 순종하는 것이다. 우리의 시간이 아니라 적절한 때에 대한 그분의 지혜에 참을성 있게 순응하는 것이다. 셋째, 하나님의 얼굴을 구하고, 그분을 더 알고 사랑하게 하는 것이다.

이것이 무력한 사람들에게 나타나는 불가사의한 힘이다. 평범하고 나약한 사람들이 독수리가 날아오르는 것처럼 수월하게 계속 나아갈 수 있는 것처럼 보이게 하는 초자연적 힘이다. 그리고 그 모든 것은 그분이 만드신 하늘에 계신 하나님의 아름다움을 바라보면서 시작되었다.

어디를 가든 너무나 익숙한 불평을 듣는다. "나에게는 더 많은 믿음이 필요해요. 내가 믿을 수만 있다면 얼마나 좋을까요." 안타깝게도 그들에게 가장 좋은 조언은 믿음이 한 방울 흘러나와 고비를 넘기기를 바라며 자신의 내면을 들여다보고, 마음을 살피며, 영혼을 책망하고, 자기 의지를 꺾으라는 것이다.

그러나 이번 장에서 배운 내용을 생각해 보라. 우리에게 이런 하나님이 계시다는 것을 알면 믿음이 얼마나 쉽게 생기는지 깨달았는가? 우리는 하나님께 우리의 삶을 다스리실 의무가 있다는 것을 믿기 위해 몸부림친다. "그분은 정말 믿을 수 있는 분인가? 그 일을 해내실 수 있는 분인가? 나의 경배를 받으실 만큼 영광스러운 분인가? 정말로 다른 모든 것을 버리고 따를 만한 분인가?"

이런 의심에 빠져 있다면, 눈을 들어 그분이 친히 만드신 작품들을 바라보라. 하늘의 노래를 듣고, 별들의 이야기에 귀를 기울이라. 당신의 하나님을 바라보라!

chapter **6**

미세한
위엄

ne Thing

만물이 그에게서 창조되되

하늘과 땅에서 보이는 것들과 보이지 않는 것들과 …

만물이 그 안에 함께 섰느니라

(골 1:16-17)

상당히 이상하게 들리겠지만, 전치사는 참으로 놀라운 것 같다. 그렇다. 전치사 말이다. 'in'과 'over', 'through'와 'for', 'by' 같은 몇 가지 단어에 대해 이야기해 보겠다. 이 간단한 단어에는 측정할 수 없는 영적인 부요가 있다. 나는 하나님께서 그분의 영광의 계시를 전치사와 같은 평범한 것에, 우리가 거의 알아차리지 못하는 단어들에 맡기신다는 사실에 놀랐다. 전치사를 묵상하면 할수록 예수님의 아름다움과 위엄을 더 많이 깨닫게 된다. 이제 그것을 증명해 보겠다.

초대 교회 성도들이 예배를 위해 모였을 때, 그들은 우리처럼 찬송을 불렀다. 대부분의 학자들은 이러한 찬송의 가사가 바울이 골로새서 1장 15-17절에서 사용한 표현들과 같았을 거라는 데 동의

한다. 다음의 구절을 자세히 읽고, 여기에 포함된 전치사에 특별히 유의해서 보라.

> 그는 보이지 아니하는 하나님의 형상이시요 모든 피조물보다 먼저 나신 이시니 만물이 그에게서(in, 안에서) 창조되되 하늘과 땅에서 보이는 것들과 보이지 않는 것들과 혹은 왕권들이나 주권들이나 통치자들이나 권세들이나 만물이 다 그로 말미암고 그를 위하여 창조되었고 또한 그가 만물보다 먼저 계시고 만물이 그 안에 함께 섰느니라

이것을 설명하는 데 비유가 도움이 될 것이다. 집을 짓는 과정을 한 번 생각해 보자. 가장 먼저 할 일은 청사진을 그리는 건축가를 고용하는 것이다. 그는 계획을 세우고, 모든 것이 어떻게 구성되어야 하는지 설명을 첨부한다. 그런 다음 실제로 집을 지을 건축업자와 계약한다. 이어서 완성된 집은 건축된 용도대로 사용된다. 당신은 그 집을 점유하고, 서재나 온수 욕조 등 집에 포함된 다양하고 특별한 기능들을 즐긴다. 마지막으로, 당신은 그 집의 거주자이자 소유자로서 그것을 잘 유지한다. 필요에 따라 수리하고, 여기저기 약간의 리모델링을 하며 관리에 신경을 쓴다.

내가 말하고자 하는 요점은 바로 이것이다. 예수 그리스도는

우주 전체에 이 모든 것이 되시는 분이다! 그분은 건축가이시다. 이것이 바울이 골로새서 1장 16절에서 만물이 '그 안에서' 창조되었다고 말한 의미이다. 그분은 장인(匠人)이시다. 그분은 우주의 구석구석에 대한 청사진을 영원의 관점에서 생각하신 분이다.

또한 바울은 그리스도께서 창조에 어느 정도 관여하셨는지에 대해 꽤 구체적으로 말한다. 그것은 문자 그대로 모든 것을 포함한다. '만물'(16절)은 '하늘과 땅에 있는 모든 것'을 의미한다. 수십억 광년 떨어진 거대한 은하나 발밑의 먼지 진드기이든 상관없다. '모든 것'에는 신기루나 한 줄기 빛과 같이 보이는 것과 보이지 않는 것이 모두 포함된다. 여름의 산들바람이나 태양의 열기처럼 보이지 않지만 감지할 수 있는 것부터, 떡갈나무나 당신이 지금 손에 들고 있는 책처럼 눈에 보이는 것과 실재하는 것, 그리고 양성자나 중력, 또는 느낌이나 꿈처럼 보이지 않는 무형의 것들까지도 말이다. 그분이 이 모든 것을 생각하셨다!

하지만 이게 끝이 아니다. 그분은 여기에 '왕권들'과 '주권들', '통치자들'과 '권세들'로 표현된 모든 영적 존재의 건축가이시다. 이것들은 (선하든 악하든) 우리가 생각할 수 있는 모든 종류의 천사를 가리키는 전형적인 바울의 언어이다. 이 모든 것을 다 그리스도께서 생각해 내셨다.

그분은 그것들의 존재와 다양한 속성과 힘을 구상하신 건축가

이실 뿐만 아니라, 실제로 그 존재를 구성하신 장인이시다. 바울은 이 모든 것을 그분이 만드셨다고 말한다(16절). 요한도 "만물이 그로 말미암아 지은 바 되었으니 지은 것이 하나도 그가 없이는 된 것이 없느니라"(요 1:3)고 말한다.

그렇다. 그분은 건축가이자 장인이시며, 또한 만물이 창조된 목적이시다. 바울이 말했듯이 "만물은 … 그를 위하여 창조되었다"(골 1:16). 그것이 무엇이든, 그분이 영원히 영광과 찬송을 받으시고 누리게 하시기 위함이다. 그분은 움직이는 모든 분자의 이유와 목적, 목표이시며 끝과 종점, 완성이시고 정점이시다.

만약 이것으로 충분하지 않다면, 그분은 또한 그분이 구상하고 만드신 모든 것이 존재하도록 지탱하고 지지하는 힘이시다. 그것이 시작되는 순간부터 지금까지, 그리고 그분이 원하시는 한, 예수님은 만물을 붙드시고 인도하시며, 만물을 그분 안에서 그리고 그분께 합당하게 완성에 이르도록 섭리하는 과정 중에 계신다. 이것이 골로새서 1장 17절에서 바울이 만물보다 '먼저' 계셨던 하나님의 아들이 '그분 안에' 만물을 '함께 서 있게 하셨다'고 말한 요점이다.

예수님은 만물을 온전하게 유지시키시는 응집력이시다. 경건하게 표현하자면, 그분은 모든 것을 제자리에 고정시키는 '신성한 접착제'이시다. 이 세상은 부활하신 그리스도의 신성한 능력이 계속해서 역사하기 때문에 혼돈보다는 조화를 이루고 있는 것이다! 그 자체에 내재된 어떤 힘에 의해 존재하는 것은 없다. 자동차와 의자, 야구공, 버터, 쿼크, 퀘이사 등 모든 것이 예수님에게서 나오는 끊임없는 에너지 덕분에 현재의 형태로 존재하고 유지된다! 어느 순간에, 어떤 이유로든 그분이 섭리와 보존의 손길을 느슨하게 하시면, 그것들은 모두 무너지게 될 것이다. 모두 기화되어 무(無)의 진공 속으로 사라질 것이다.

모든 심장박동과 눈꺼풀의 떨림, 풀잎이 바스락거리는 소리, 우리가 내쉬는 모든 호흡은 하나님의 아들에 의해 유지된다. 바울은 사도행전 17장 28절에서 "우리가 그를 힘입어 살며 기동하며 존재하느니라"고 말했다.

우리가 얼어 죽지 않을 것을 확신하며 매일 잠에서 깰 수 있는 것은 태양 내부에서 (우리는 너무나도 당연시하고 있지만) 셀 수 없을 정도로 많은(10^{38}개) 핵융합 반응이 1초마다 일어나고 있기 때문이다. 태양의 중심부에서는 매초 4억 톤 이상의 수소가 헬륨으로 전환되고 있다. 그리고 이것은 수십억 조의 태양 중 하나일 뿐이다. 이 모든 태양은 끊임없는 화학반응과 핵반응이 일어나는 지옥이며, 이 모두가 하나님 우편에 좌정하신 예수님의 권능과 지속적인 에너지의 산물이다.

창조 안에서 창조주 보기

이것은 물리적 세계를 통해 하나님의 아름다움을 들여다본다는 의미이다. 자연이나 피조물, 우주는 우리의 편안함을 위해 그 자원을 이용하도록, 또는 우리보다 약한 자들에 대한 통제를 확장하기 위한 수단으로 있는 것이 아니다. 또한 우리의 욕망을 실현하고, 개인적인 비전을 성취하기 위한 발판도 아니다. 물리적 세계는 우리의 영원한 기쁨을 위해 창조주이신 아들, 우리 주 예수 그리스도의 예술적 창조력과 끝없는 능력, 다양한 지혜를 나타내기 위해 탁월한 방식으로 존재하는 것이다.

사도 바울은 로마인들에게 보낸 편지에서 이렇게 말했다. "창세로부터 그의 보이지 않는 것들 곧 그의 영원하신 능력과 신성이 그가 만드신 만물에 분명히 보여 알려졌나니"(롬 1:20).

하나님께서 스스로 영원한 영광(롬 1:23)을 나타내심으로 의도하신 것은 우리가 하나님을 영화롭게(롬 1:21) 하는 기쁨을 누리고, 지옥에 가야 마땅한 피조물에게 그러한 아름다움을 알게 하심으로 그분이 보이신 자비에 경건한 감사로 그분을 찬양하게 하는 것이다. 그러나 슬프게도 죄가 개입했다(롬 1:21-32, 죄의 영향에 대한 바울의 설명을 읽으라).

하지만 죄가 존재한다고 해서 하나님의 영광의 나타남이 줄어

들지는 않았다. 신약과 구약의 수많은 본문들은 자연 가운데 하나님의 영광이 나타나는 다양한 방법을 증거한다(시 8:1-4; 19:1-6; 29편; 104편; 147편; 148편 참조). 이전 장에서 우리는 우주와 빛의 속도, 별과 초신성의 광대한 차원에서 이것을 살펴보았다.

그러나 우리 하나님은 단순히 수십억 광년 떨어져 있는 하늘과 행성, 퀘이사, 나선 은하만을 다스리시는 창조주이자 주님이 아니시다. 그분은 또한 아원자 입자의 무한히 작은 우주의 창조주이며, 주님이자 하나님이시다. 그분은 가장 큰 것과 가장 작은 것, 가장 거대한 것과 가장 미세한 것, 존재하는 모든 것 가운데 거대한 것부터 형언할 수 없을 정도로 작은 요소에 이르기까지 모든 것을 주관하시는 창조주이자 주님이시다.

더 작은 세계

러시아의 마트리오시카 인형을 알 것이다. 각각은 다른 인형 안에 들어가 있고, 갈수록 크기는 더 작아진다. 자연도 마찬가지라는 생각이 든다. 우리가 물질의 또 다른 층을 벗겨 낼 때마다 훨씬 더 작은 세계가 있다. 5장에서 은하계의 위대함과 그것을 만드신 하나님께 마음이 압도되었다면, 이제는 입자물리학의 아원자 세계를 생각해 보자. 그것은 매우 충격적이다!

이야기는 고대 그리스에서 시작된다. 자연의 기본 구성 요소를 설명하기 위해 노력한 최초의 사람 중 BC 547년에 사망한 철학자 탈레스가 있다. 그는 만물의 근본이 물이라고 믿었다. 아낙시메네스는 그것이 공기라고 주장했다. 데모크리토스(BC 460-370)와 레우키포스(BC 480-420)가 모든 물질은 '원자'라고 부적절하게 명명된 분할할 수 없는 입자로 구성되어 있다고 주장하기까지 100년이 걸렸다. 내가 '부적절하게'라고 말한 이유는, 원자라는 단어가 '나누거나 자를 수 없는 것'을 뜻하는 헬라어에서 파생되었기 때문이다.

이러한 초기 그리스 사상가들의 주장에 따라 원자는 수세기 동안 자연에서 가장 작은 입자라고 여겨져 왔다. 그러나 우리는 이제 각 원자가 자체 핵을 가지고 있으며, 그 안에는 양성자와 중성자로 알려진 전하를 띤 훨씬 더 작은 입자가 있고, 그 주위에는 전자(모든 원자에는 양성자만큼 많은 전자가 있다)라는 궤도가 끊임없이 소용돌이치고 있다는 것을 알고 있다.

원자의 내부

모든 원자는 크기가 거의 동일하다. 다시 말해서 매우, 매우,

매우 작다. 얼마나 작을까? 1인치처럼 모든 사람이 상상할 수 있는 상대적으로 작은 길이를 기준으로 설명해 보겠다. 1인치의 공간에 원자들을 몇 개나 정렬할 수 있을까? 누군가는 천이라고 할 것이고 만, 백만 등 다양한 대답이 있을 것이다. 그런데 그처럼 한심할 정도로 하찮은 양으로 생각한다는 것은 그만큼 우리가 하나님의 창조 능력을 제대로 알지 못하고 있음을 보여 준다.

1인치에 약 100,000,000개의 원자를 나란히 정렬할 수 있다면 믿겠는가? 무려 1억 개다! 전형적인 원자에 대해 가장 놀라운 점은 그것의 엄청나게 작은 크기보다는 대부분이 빈 공간으로 구성되어 있다는 사실일 것이다. 원자의 질량이 얼마나 작은지는 원자핵에서 발견된다. 각 원자의 핵은 상당히 작다. '상당히'라는 단어가 적절하지 않지만, 이것을 표현할 형용사가 마땅치 않다! 사물이 이렇게 작아질 때, 우리가 할 수 있는 최선은 삽화를 그려 보는 것이다. 이렇게 해보자.

원자를 캘리포니아 패서디나의 로즈볼과 같은 전형적인 축구 경기장으로 생각해 보자. 이것이 원자라면, 핵은 50야드 위의 모래 한 알 크기일 것이다. 수치로 나타내는 것이 도움이 된다면, 다음과 같다. 원자의 핵은 100,000,000,000,000분의 1, 즉 100조의 1로 구성된다!

이것이 의미하는 바는 매우 놀랍다. 예를 들어, 당신이 앉아 있는 의자와 의자가 놓여 있는 바닥, 오른쪽에 있는 커피잔과 왼쪽에 있는 램프는 모두 대부분 비어 있는 공간, 즉 진공 상태라는 의미다. 특정 물질을 구성하는 수많은 원자는 아이의 생일 파티에서 부는 풍선과 같다. 그러나 풍선 안에 무언가가 있기 때문에 풍선 같다는 것이다. 그것은 우리를 다시 핵으로 돌아오게 한다.

전형적인 원자는 질량을 구성하는 입자와 비교해 보면 상상할 수 없는 비율의 거인이다. 인치로 돌아가서 나란히 정렬할 수 있는 핵이 몇 개인지 보자. 우리는 인치 안에 1억 개의 원자를 정렬할 수 있었다. 그런데 이것은 인치 안에 들어갈 수 있는 핵의 수에 비하면 지극히 적은 양에 불과하다. 이것을 숫자로 표현하면 10,000,000,000,000,000,000,000이다. 믿어지는가? 무려 100해(경의 만 배가 되는 수)이다.

잠시 멈춰서 숨을 고르고, 내가 한 말을 곰곰이 생각해 보라. 당신의 영혼을 영원히 사랑하시는 하나님이 만드신 이 우주에는 1인치의 공간을 채우는 데 100해 개가 필요할 정도로 작은 입자가 있다!

별난 쿼크

이야기는 점점 더 작은 세계로 향하고 있다! 원자는 러시아 인형들 중 하나와 같다. 마지막 것을 찾았다고 생각하는 순간, 당신은 그것을 열고 또 다른 것을 발견한다.

전형적인 원자에 대해, 우리는 이미 핵의 존재에 주목했다. 그러나 핵에는 아직 더 많은 것이 있다. 각각은 양성자와 중성자라고 하는 입자를 포함하는데, 이것들이 200개에 이르는 경우도 있고, 전자의 무리가 이들 주변을 돌고 있다. 양성자는 양전하를 띠고, 중성자는 그렇지 않다(이런 이유로 그들의 이름이 정해졌다). 상대적으로 말해서, 중성자의 질량은 양성자의 질량보다 0.14% 더 크지만, 둘 다 전자보다 약 2,000배 무겁다.

인치 안에 몇 개의 양성자를 정렬할 수 있는지 설명하려고 애쓰지 않겠다.[1] 대신 그 안에 무엇이 들어 있는지 설명하겠다. 우리는 지금 말하자면 끝에 접근하고 있다. 러시아 인형의 마지막이 다가왔다.

물리학자들은 각 양성자와 중성자 내부에 쿼크(quarks)라고 불리는 극도로 작은 세 개의 입자가 있다고 믿는다. 이것은 물리학자 머리 겔만이 만든 재미있는 이름이다. 그는 실제로 그것을 만들지 않았지만, 《피네간의 경야》(Finnegans Wake)에서 "머스터 마크를 위한 세 개의 쿼크"라는 문구를 사용한 제임스 조이스(1882-1941)의 팬이었다.

양성자는 두 개의 '위쪽' 쿼크와 한 개의 '아래쪽' 쿼크('위'와 '아래'는 중요한 의미를 지니지 않는다)를 가지고 있지만, 중성자의 경우에는 그 반대다. 그리고 우리는 쿼크의 크기가 양성자 또는 중성자의 1000분의 1도 되지 않는다고 들었다. 물리학자들은 이제 쿼크가 모든 물질의 기본 구성 요소라고 믿는다. 간단히 말해서 쿼크보다 더 작은 것은 없다. 물론 이것은 얼마든지 바뀔 수 있다. 항상 새로운 발견의 여지가 있기 때문이다.

평균적으로 원자의 일반적인 핵에는 최대 1,000개의 쿼크가 포함될 수 있다. 쿼크의 크기가 양성자 또는 중성자의 1,000분의 1 미만임을 기억하라. 이제 여기서 조금 더 가보겠다. 1인치의 공간 안에 몇 개의 쿼크를 나란히 나열할 수 있는지 아는가? 10,000,000,000,-000,000,000,000,000개라면 믿겠는가?

아원자 입자 세계는 더 복잡하다. 물리학자들은 유머 감각이 있다. 그들은 쿼크를 함께 묶는 힘을 글루온이라고 부른다! 그 다음에는 우리가 셀 수 있을 만큼 충분히 오래 머물지 않기 때문에 인치에 줄을 세울 수도 없는 뮤온이 있다.

뮤온은 전자와 동일하지만, 200배 더 무겁다. 앞에서 말했듯이, 그들은 오래 머물지 않는다. 실제로 뮤온은 생성된 후 200만분의 2초 이내에 전자와 중성미립자로 폭발한다. 생각해 보라. 우주의 모든 뮤온이 태어난 후 200만 분의 1초 이내에 죽는다면, 그 생산을 유지하는 데 필요한 에너지 출력은 우리의 미천한 계산 능력을 넘어서야 한다. 참으로 위대하신 하나님이다!

그런데 중성미립자는 무엇인가? 이탈리아 물리학자 엔리코 페

르미(1901-1954)는 이 입자를 이탈리아어로 '작은 중성자'를 의미하는 중성미립자(neutrino)라고 명명했다. 중성미립자는 전기적으로 중성인 입자로, 그 크기는 상상을 초월한다. 이것들에 대해 이야기할 때, '크기'라는 단어를 사용하는 것조차 이상하게 여겨질 정도다. 이것은 전자 질량의 100만분의 1에 불과하고, 전자의 질량은 양성자 질량의 1,836분의 1에 불과하다. 1987년에 발견된 초신성은 폭발하면서 엄청난 수의 중성미립자를 생성했다. 이것을 숫자로 쓰기에는 너무 많은 공간을 차지하므로 설명으로 대신하겠다. 그것은 10의 58승이다!

어릴 적 나에게는 '미키 맨틀'과 '슈퍼맨'이라는 두 명의 영웅이 있었다. 뉴욕 양키즈의 타자인 미키 맨틀에게는 많은 한계가 있었지만, 슈퍼맨의 약점은 단 하나였다. 그는 납의 놀라운 밀도 때문에 납을 통해서는 볼 수 없었다. 중성미립자는 크립톤 행성에서 온 이 방문자를 비웃을 것이다. 그들이 지정된 경로에서 조금도 벗어나지 않고 수조 마일의 납을 통과할 수 있다는 사실을 고려한다면 말이다. 당신과 나는 납으로 만들어지지 않았지만, 중성미립자가 무엇인지 정의하는 동안, 태양이 우주로 방출한 60조 개의 작은 빨판이 아무것도 건드리지 않고, 흔적도 남기지 않고, 스치는 느낌도 없이 우리의 몸을 통과했을 것이다.

극도의 긴장감을 느끼다

앞에서 말했듯이, 대부분의 물리학자들은 이제 쿼크가 모든 물질의 기본 구성 요소라고 믿는다. 쿼크는 가장 정교한 기술로도 볼 수 없을 정도로 매우 작지만, 그것이 있다고 믿을 만한 충분한 이유가 있다.

쿼크의 본질에 관해 가장 최근에 나온 이론은 쿼크가 우주에서 무차원의 원형 점이 아니라는 것이다. 즉, 쿼크는 문자 'i'의 점과 다르다. 오히려 무한히 얇은 고무줄이나 극도로 가느다란 스파게티 가닥처럼, 입자의 종류에 따라 독특한 방식으로 진동하거나 움직이는 엄청나게 작은 1차원 고리 또는 끈이다. 기본 스트링 루프는 일반적인 원자핵보다 약 천억 배 작다.

이 이론이 옳다면, 그래서 물리학자들이 완전히 확신하지 못한다면, 하늘에 있는 거대한 퀘이사부터 봄에 나타나는 무당벌레, 오늘 점심으로 먹을 음식에 이르기까지 우주의 모든 것이 단순히 눈에 보이는 지극히 작고 무한히 진동하는 필라멘트의 가시적 산물일 뿐이다! 최근에 가장 많이 팔리는 흥미로운 책으로, 1장에서도 언급한 《우아한 우주》의 저자 브라이언 그린은 이렇게 말했다. "끈이론이 옳다면, 우리 우주의 미세한 구조는 우주의 끈들이 끝없이 뒤틀리고 진동하며 우주의 법칙을 리드미컬하게 두드리는 다차원적 미로이다."²⁾ 그린이 주목하지 못한 것은 이 장엄한 현악의 교향곡을 자신의 이름의 영광을 위하여 이끌 뿐만 아니라 각각을 창조하고 미세하게 조정하는 장엄한 힘의 거장이 있다는 것이다.

아직 더 많은 구멍

우리는 이전 장에서 블랙홀에 대해 간략하게 살펴보았다. 이론적으로 모든 물체가 충분히 압축되면 블랙홀이 될 수 있다. 트린 주안 투안은 이렇게 말했다. "당신의 무게가 160파운드이고, 거대한 손이 당신을 원자핵보다 100억 배 작은 크기로 축소시킨다면 블랙홀이 될 것이다. 실제로 압축해야 하는 물체의 크기는 질량에 비례한다. 자신의 몸무게보다 열 배 더 큰 1,600파운드의 코끼리를 블랙홀로 만들고 싶다면 그것을 … 당신의 경우보다 열 배 더 압축해야 한다."³⁾

물리학에 '블랙홀'이라는 용어를 도입한 미국의 물리학자 존 휠러는 또 다른 기이한 현상을 '웜홀'이라고 명명했다. 이것은 블랙홀과 같지만, 교차할 때에 되돌아올 가능성을 배제하는 사상 수평선 (블랙홀과 우주의 경계)이 없다. 그들이 존재한다고 가정하고 아무도 확실히 모른다면, 그들은 "우주의 한 지역에서 다른 지역으로 가는 지름길을 제공하는 다리 또는 터널"4)과 같은 기능을 할 것이다.

투안은 웜홀을 매우 매력적으로 만드는 것은, 그것이 이론적으로 시간 여행을 가능하게 하기 때문이라고 주장한다. "한 방향으로 웜홀에 들어가면 미래로 간다. 그리고 반대 방향으로 진행하면 과거로 돌아갈 것이다."5) 하지만 너무 흥분하지 말라. 우리가 〈백 투 더 퓨쳐〉(Back to the Future)의 마이클 제이 폭스와 같은 경험을 하기 전에 극복해야 할 수많은 문제가 있다.

아마도 가장 큰 장애물은 웜홀의 크기와 현저히 짧은 수명일 것이다. 웜홀의 크기는 10^{-33}센티미터이고, 10^{-43}초라는 매우 짧은 시간 동안 존재한다. 일반적인 카메라의 섬광은 "1000만억 배 더 오래 지속된다!"6)

이분이 우리 하나님, 당신의 하나님이시다. 그리고 이 하나님이 우리를 마땅히 지옥에 던져 넣는 대신, 우리의 묵상과 즐거움과 기쁨을 위해 그분 자신을 주셨다. 영원히 우리의 근원과 우리의 힘, 우리의 반석, 우리의 소망, 우리의 친구가 되시기 위해!

우리에게 필요한 것

왜 이 모든 과학적 사실들을 나열한 것일까? 당신이 주일에 부를 찬양이 있기를 바라기 때문이다. 그리고 이것이 월요일에 죄를 짓지 않을 이유가 되기를 바란다. 인생의 다른 모든 것이 발 아래서 한꺼번에 무너져내릴 때, 이 사실로 인해 당신이 자신감을 가질 수 있기를 바란다.

나는 음란이나 더 많은 돈, 또는 다른 무의미한 환상 말고, 당신의 백일몽을 대신할 무언가가 있었으면 한다. 하나님을 두려워할 이유, 언젠가는 우리가 모든 말과 행동에 대해 설명해야 할 모든 것을 소멸하시는 이 무시무시한 불 앞에서 떨 이유가 있기를 바란다. 믿지 않는 이웃에게 전해 줄 것이 있기를 바란다. 움츠러든 하나님을 섬기는 사람들은 지옥의 문턱에 있는 세상에 줄 수 있는 것이 아무것도 없다.

이렇게 자연 세계의 심오한 진리에 대한 설명은 하나님에 대한 경외심과 경이로움, 그리고 혼과 영과 생각과 의지의 격렬한 떨림을 불러일으키므로 실제적으로 매우 유익하다. 나는 하나님을 아는 것이 삶을 변화시킨다고 믿기 때문에 이 주제에 대해 두 장이나 할애했다.

이렇게 이야기해 보자. 금융 유동성이나 다각화된 포트폴리오*는 모두 궁극적으로 경제 위기 가운데 우리의 영혼을 지켜 내지 못

---

* 개개인 금융 기관이나 개인이 보유하는 각종 금융 자산의 명세표

한다. 순전한 의지력만으로는 사람의 영에 활력을 주어 우리 사회의 심화되는 이교화에 맞서게 할 수 없다. 공포와 죽음이 세상을 뒤덮을 때, 궁극적으로 우리의 마음에 희망을 불어넣는 것은 치료나 인간 행동에 대한 이론이 아니다. 나약한 사람들이 궁극적으로 일시적인 죄의 쾌락을 거절할 수 있도록 힘을 주는 것은 좋은 의도나 심리적 전략 또는 일련의 결심이 아니다. 전 세계적으로 가치와 정의가 무너지는 상황에서 우리의 도덕적 뿌리를 강화하는 것은 새로운 법안이나 낮은 세금, 특정 정당의 대표가 아니다.

우리에게 필요한 것은 정말로, 정말로, 정말로 크고 아름다운 하나님에 대한 지식과 경험과 사랑으로 강해지고 유지되는 마음이다!

하나님은 얼마나 위대하신가!

테러가 만연하고, 안정적인 기업도 하루아침에 무너지는 혼란스러운 세상에서 우리는 하나님의 능력의 위대함과 아름다움에 대한 새로운 비전으로 마음을 소생시켜야 한다. 말씀 가운데 나타난 하나님의 증거는 틀림이 없다.

그분은 힘이 강하시다(욥 9:4). 우리 하나님은 "강하고 능한 여호와"(시 24:8)이시다. "네 하나님 여호와 곧 크고 두려운 하나님이 너희 중에 계심이니라"(신 7:21)는 말씀으로 믿음을 강하게 하라. 그분은 "만군의 여호와 이스라엘의 전능자"(사 1:24)이시다. 예레미야는 하나님을 선포함으로 그분의 주권을 찬양했다.

당신에게 너무 어려운 것은 없다. "주는 은혜를 천만인에게 베푸시며 아버지의 죄악을 그 후손의 품에 갚으시오니 크고 능력 있으신 하나님이시요 이름은 만군의 여호와시니이다 주는 책략에 크시며 하시는 일에 능하시며"(렘 32:17-19).

창조는 "그의 강한 능력"(사 40:26)에 대한 살아 있는 증거다. 그분은 모든 피조물의 주, 소유자, 통치자, 왕이시며, 그 누구도 그분께 저항하거나 그분을 이길 수 없다(마 11:25; 계 1:8; 시 29:10; 렘 10:7,10). 그분은 "전능하신 주"(고후 6:18, 계 4:8, 11:17)시며, "복되시고 유일하신 주권자이시며 만왕의 왕이시며 만주의 주"(딤전 6:15)이시다. 그분에게 너무 어려운 것은 없다. 모든 것이 그분의 능력 안에 있다(창 18:14; 슥 8:6; 렘 32:27).

마리아가 동정녀인 자신이 어떻게 아이를 잉태할 수 있는지 물었을 때, 가브리엘은 이렇게 대답했다. "하나님의 모든 말씀은 능하지 못하심이 없느니라"(눅 1:37).

부자가 천국에 들어가는 어려움을 낙타가 바늘귀를 통과하는 것과 비교하신 예수님은 "사람으로는 할 수 없으나 하나님으로서는 다 하실 수 있느니라"(마 19:26)고 말씀하셨다.

다음과 같은 명확한 선포에 당신의 생각을 집중시키라.

오직 우리 하나님은 하늘에 계셔서 원하시는 모든 것을 행하셨나이다 (시 115:3)

여호와께서 그가 기뻐하시는 모든 일을 천지와 바다와 모든 깊은 데서 다 행하셨도다(시 135:6)

만군의 여호와께서 경영하셨은즉 누가 능히 그것을 폐하며 그의 손을 펴셨은즉 누가 능히 그것을 돌이키랴 (사 14:27)

나는 하나님이라 나 외에 다른 이가 없느니라 나는 하나님이라 나 같은 이가 없느니라 내가 시초부터 종말을 알리며 아직 이루지 아니한 일을 옛적부터 보이고 이르기를 나의 뜻이 설 것이니 내가 나의 모든 기뻐하는 것을 이루리라 하였노라 (사 46:9-10)

욥이 여호와께 대답하여 이르되 주께서는 못 하실 일이 없사오며 무슨 계획이든지 못 이루실 것이 없는 줄 아오니 (욥 42:1-2)

땅의 모든 사람들을 없는 것 같이 여기시며 하늘의 군대에게든지 땅의 사람에게든지 그는 자기 뜻대로 행하시나니 그의 손을 금하든지 혹시 이르기를 네가 무엇을 하느냐고 할 자가 아무도 없도다 (단 4:35)

우리는 하나님이 실제로 행하시는 일이 그분이 하실 수 있는 일의 한계라고 생각해서는 안 된다. 하나님은 그분이 원하시는 모든 일을 하실 수 있지만, 모든 것을 하실 필요는 없다. 즉, 하나님의 무한한 능력은 창조된 만물 가운데 나타나지만, 그것으로 인해 소진되지 않는다. 하나님이 원하신다면 더 많은 것을 창조하실 수도 있었다. 그러므로 하나님께서 행하신 일은 그분이 행하셨거나 하실 수 있는 일의 척도가 될 수 없다.

그래서 나는 이렇게 묻는다. 우리의 마음을 짓누르고 목을 조르는 죄의 능력을 하나님께서 깨실 수 있을까? 그렇다! 하나님은 우리 존재의 모든 세포가 "그만둬! 그만둬, 전부 다!"라고 외칠 때, 우리를 꽉 붙드시고 인내하도록 힘을 주실 수 있을까? 그렇다! 그분은 하실 수 있다! 하나님은 우리가 계속해서 듣는 고통스러운 악마의 조롱과 비난을 물리치실 수 있을까? 그렇다! 그분은 하실 수 있다!

하나님은 우리의 내면의 상처와 고통스런 세월을 치유하실 수 있을까? 그분께 음란물의 힘을 깨뜨릴 힘이 있을까? 그분의 아름다움에 대한 계시가 추악하고 타락한 모습을 변화시킬 수 있을까? 그분은 우리가 믿지 않는 배우자와 반항적인 십대 자녀에게 대처하게 해 주실 수 있을까? 그렇다. 그분은 그렇게 하실 수 있다!

지금은 책을 내려놓고 우리 하나님을 경배하고 높이고 찬양해야 하는 시간이다. 스테판 차녹은 다음과 같이 말했다.

지혜와 능력은 우리가 사람을 존경하는 근거다. 둘 다 하나님 안에서 무한하므로, 그분의 피조물들이 그분께 돌려 드려야 할 엄숙한 존귀의 기초가 된다. 만일 어떤 사람이 신기한 엔진을 만든다면, 우리는 그의 기술을 존경한다. 어떤 사람이 강력한 적을 물리친다면, 우리는 그의 힘을 칭송한다. 그런데 창조, 통치, 구속 가운데 하나님의 능력이 나타났는데도, 그분의 이름과 완전하심에 아무런 열정도 불태우지 않는다! 우리는 광대한 제국과 수많은 군대로 적을 정복하고, 평화롭게 자기 민족을 보존할 수 있는 힘을 가진 왕들을 존경한다. 그렇다면 말씀 한마디와 손짓으로 이 광대한 세계 제국을 만드시고 관리하시는 하나님께 얼마나 더 많은 경의를 표해야 하는가! 천둥의 굉음, 태양의 힘, 바다의 폭풍에 대해 우리는 얼마나 분별력 있는 생각을 가지고 있는가! 이해력이 없는 이러한 것들이 사람들로 하여금 경외감을 갖게 하여 많은 사람들이 그것들을 신으로 숭배하게 되었다. 그렇다면 하나님 안에 있는 무한한 지혜와 결합된 이 강력한 능력이 우리에게 요구하는 경외심과 경배는 어느 정도일까?[7]

우리의 가치는 어디에 있는가?

내가 5-6장에서 말한 것으로 모든 사람이 위안을 받는 것은 아니다. 한번은 이 주제에 대한 설교를 들은 한 여성이 감정적 고통을 안고 나에게 다가왔다. 그녀는 내가 묘사한 우주의 광대함에 압도되었고, 물질세계의 구성 요소가 얼마나 작은지에 대한 묘사에 놀랐다. 그런데 그녀는 남편에게 버림받고 교회에서도 무시당하는 자신이 하찮은 존재처럼 느껴졌다. 그녀는 60억 인구 가운데 외로운 삶을 살았고, 그들 모두가 그녀보다 더 많은 것을 제공할 수 있다고 생각했다.

그러던 중 그녀는 나의 설교를 들었다. 우주 전체의 광대하고 측량할 수 없는 범위와 지구의 형언할 수 없을 정도로 작은 차원을 감안할 때, 그녀는 자신이 완전히 무의미한 존재라고 느꼈다. 그리고 "저는 무한한 공간 속에서 핀으로 찌른 구멍보다도 작아요"라고 한탄하며 이렇게 말했다. "이렇게 측량할 수 없는 위엄을 지니신 위대하신 하나님이 어떻게 저를 돌보아 주실 수 있죠?"

내가 말할 수 있었던 것은 이것이 숨막히는 하나님의 은혜의 실재이며, 이 광대한 우주에서, 거대한 창조의 구조 속에서, 우리의 삼위일체 하나님이 그분의 모든 무한한 에너지와 사랑과 열정적인 애정을 만물의 모든 것에 집중하셨다는 것이다. 당신과 나처럼 망가진 죄인들에게 말이다.

하나님의 임재가 수십억 광년 떨어진 은하계를 가득 채우고 있지만, 그분은 자비롭게도 예수님의 모습으로 우리 중 하나가 되기로 하셨다. 이렇게 사람의 몸을 입으신 하나님이 우리가 그의 영광스러운 임재를 영원히 누릴 수 있도록 참혹한 십자가에서 자신의 생명을 버렸다고 생각하면 나는 온몸이 떨린다.

그러나 우리의 궁극적인 의미는 그분이 우리를 죄책감과 수치심의 구덩이에서 끌어올리셨다는 것이 아니라, 우리로 하여금 그분을 끝없이 높이는 삶을 누릴 수 있게 하셨다는 데 있다. 영혼이 이처럼 은혜롭고 친절하고 아름다우신 하나님을 존중하는 것을 말로 표현할 수 없을 정도로 기뻐할 때 발견하는 것만큼 놀라운 존귀나 가치는 없다.

우리 하나님은 단순히 수십억 광년 떨어져 있는 하늘과 행성, 퀘이사, 나선 은하만을 다스리시는 창조주이자 주님이 아니시다. 그분은 또한 아원자 입자의 무한히 작은 우주의 창조주이며, 주님이자 하나님이시다. 그분은 가장 큰 것과 가장 작은 것, 가장 거대한 것과 가장 미세한 것, 존재하는 모든 것 가운데 거대한 것부터 형언할 수 없을 정도로 작은 요소에 이르기까지 모든 것을 주관하시는 창조주이자 주님이시다.

chapter 7

모든
즐거움보다
더 감미로운

ne Thing

단지 죄에 저항하는 것은 참으로 따분한 거룩함이다.

거룩함의 기쁨은

더 감미로운 노래를 들을 때에 찾을 수 있다.

그러면 어떻게 다른가? 실질적인 유익은 무엇인가? 기독교 만물 이론은 우리가 죄와 대면할 때에 어떻게 힘이 되어 주는가? 유혹이 찾아올 때, 아름다움과 탁월함 그리고 퀘크와 퀘이사의 하나님을 거창하게 말하는 것이 무슨 도움이 될까?

그 답은 당신의 인생을 바꿔 줄 이야기에서 찾을 수 있다. 이것은 하나의 신비한 섬과 두 명의 영웅적인 남자, 그리고 말 그대로 피부 속까지 아름다운 '여자들'에 관한 이야기이지만, 기독교의 본질과 하나님의 영광을 위해 사는 것에 대한 완전히 다른 관점에 관한 내용이다.

나는 이 이야기를 미국과 해외의 여러 교회들과 컨퍼런스에서 수차례 나누었고, 나의 책 《영원한 기쁨》(Pleasures Evermore)에서도 언급했다.[1] 가는 곳마다 사람들은 나에게 이 이야기를 다시 들려

달라고 부탁한다. 어떤 사람들은 이 이야기가 자신들에게 큰 영향을 미쳤고, 그리스도인의 삶에 대한 잘못된 생각에 큰 도전이 되었다고 말한다. 그리스 신화라고 실망하지 말라. 그것이 말하는 요점은 철저히 성경적이다.

이 이야기에 등장하는 두 인물 중 첫 번째는 대부분의 사람들에게 잘 알려져 있다. 누군가는 그를 오디세우스라고 하고, 누군가는 율리시스라고 부른다. 그의 이름을 들으면, 영화에서 이 배역을 맡았던 커크 더글라스의 우락부락한 외모와 보조개가 있는 얼굴이 떠오른다. 율리시스는 아내 페넬로페에게 헌신적인 남편이었으며, 아들을 사랑했다. 그래서 고향인 이타카를 떠나는 것에 괴로워했다. 그러나 그는 그리스인으로서 전쟁에 참여해야 할 의무가 있었다.

트로이의 왕자 파리스는 '천 척의 배를 출정하게 만든 얼굴'의 여인 헬레네를 훔쳤다. 그녀는 그리스 왕 메넬라오스의 아내였다. 메넬라오스는 동생 아가멤논, 율리시스 그리고 강력한 그리스 군대와 함께 그녀를 되찾고, 그들이 사랑하는 영토의 존엄성을 회복하는 어려운 임무를 수행했다.

거대한 트로이 목마에 숨은 율리시스와 그의 부하들은 도시에 들어가 주민들을 학살하고, 포로가 된 헬레네를 구출했다. 그러나 거의 10년 동안 지속된 이타카로 귀환하는 항해는 훨씬 더 어려운 일이었다.

　사람들은 율리시스와 마녀 키르케의 만남이나 그가 위험한 스킬라*와 카리브디스* 사이에서 조심스럽게 항해하는 내용에 흥미를 느낀다. 할리우드는 이 그리스 영웅의 모험을 극적이고, 훌륭하게 묘사했다. 또 그가 바다의 신 포세이돈의 아들 키클롭스 폴리페모스의 눈을 멀게 한 사건을 어떻게 잊을 수 있겠는가?

　그러나 나는 항상 악명 높은 세이렌에게 큰 매력을 느낀다. 그들의 섬을 지나갈 때, 수많은 선원들이 세이렌의 아름다움과 거부할 수 없는 매혹적인 노래에 넋을 잃었다. 해안 가까이로 유인된 그들의 배는 수면 아래에 숨겨진 바위와 충돌했다. 아름다운 외모와 매혹적인 멜로디로 그들을 유인한 악마 같은 식인종들은 순식간에 그들의 살을 먹어 치웠다.

　율리시스는 세이렌과 그들의 치명적인 속임수에 대해 수차례 경고를 받았다. 섬에 도착하자, 그는 동료들에게 죽음에 이르지 않도록 밀랍으로 귀를 막으라고 명령했다. 또 한눈 팔지 말고 목숨 걸고 노를 저으라고 명령했다. 율리시스에게는 다른 계획이 있었다. 그는 부하들에게 자신의 귀는 막지 말고, 몸을 배의 돛대에 묶으라고 지시했다. "그들의 노래를 듣고 싶다. 내가 무슨 말을 하든, 어떤 행

---

* 그리스 신화에 나오는 바다 괴물

동을 하든, 그 섬에서 안전하게 멀어질 때까지 나를 풀어 주지 말라."

매혹적인 세이렌의 노래는 율리시스의 의지로 저항할 수 있는 수준 이상이었다. 그는 그들의 소리에 완전히 매료되었고, 즉각적인 만족을 약속하는 유혹에 넋이 나갔다. 한 세이렌은 심지어 율리시스의 아내 페넬로페의 모습을 하고, 그가 마침내 집에 도착했다고 착각하게 만들어 그를 더 가까이 유인하려고 했다. 돛대에 단단히 묶어 놓지 않았면, 율리시스는 그들의 유혹에 굴복했을 것이다. 그의 손은 묶여 있지만, 그의 마음은 그들의 아름다움에 매료되었다. 그의 영혼은 항복했지만, 밧줄이 그가 마음대로 움직이지 못하게 막았다. 그의 거절은 자발적인 것이 아니라 외부에서 속박한 결과였다.

율리시스가 세이렌의 유혹을 물리치기 위해 사용한 전략은 수많은 기독교인들이 예수 그리스도의 제자로 살아가려고 애쓰는 방식과 매우 비슷하다. 율리시스처럼 그들도 마음으로는 일시적인 죄의 쾌락을 몹시 원한다. 그들의 의지는 육신적인 것을 탐하고 싶은 유혹에 대적할 수 없다. 그들은 무엇이 위험한지 알고는 있지만, 삶 가운데 죄에 빠지지 않으려 고군분투한다. 그들의 영혼이 악을 싫어해서가 아니라 억압적인 종교적 분위기 가운데 부여된 법과 규율들에 손이 묶여 있기 때문이다.

성경 외의 금기 사항이 율법주의적 설교단에서 호통 치는 내용이거나 교단의 오랜 금지 조항이 그들의 외부적 공모나 결탁을 설명하는 것이다. 그들은 본성이 변화되어 기쁨으로 순종하는 것이 아니다. 두려움과 수치심 때문에 마지못해 따르는 것이다.

나는 그렇게 살고 싶은 마음이 없다. 당신도 마찬가지일 것이다. 그렇다면 당신의 '순종'을 어떻게 설명하겠는가? 그것은 당신의 마음속 깊은 곳에서 우러나온 기쁨의 표현인가? 당신의 존재 깊은 곳에서 자발적으로 솟아나는 열정의 산물인가? 그게 아니면 항상 당신이 실제로 행하는 것과 반대되는 것을 갈망하면서 종교적 기대감이라는 돛대에 단단히 묶여 있는가? 세이렌의 사악한 유혹에 맞서는 가장 효과적인 방법은 무엇인가?

더 감미로운 노래

이아손은 율리시스와 마찬가지로 고대 신화에 등장하는 인물로, 황금 양털을 찾는 이야기로 유명하다. 그 역시 율리시스와 마찬가지로 세이렌의 유혹에 직면했다. 하지만 그의 방법은 달랐다. 이아손은 오르페우스라는 사람을 이 위험한 여정에 데리고 왔다. 오르페우스는 특히 수금과 플루트에 뛰어난 재능을 가진 음악가였다. 그의 음악이 공중에 충만하게 울려 퍼지면, 그것을 듣는 모든 사람에게 아름다운 영향을 미쳤다. 모든 고대 세계에서 이보다 더 사랑스럽고 듣기 좋은 소리는 없었다.

문제의 때가 되었지만, 이아손은 선원들의 귀를 막는 것을 거부했다. 또한 세이렌의 유혹에 넘어가지 않기 위해 자신의 몸을 돛대에 묶지도 않았다. 그러나 이것은 오만함에서 비롯된 무모한 결정이 아니었다. 이아손에게는 자신의 의지나 능력에 대한 환상이 없었다. 그는 세이렌의 유혹에 맞서기 위해 율리시스 못지않게 단호했다. 그러나 그는 다른 전략을 택했다.

그는 오르페우스에게 가장 아름답고 매력적인 노래를 연주하도록 명령했다. 연주가 시작되자, 세이렌에게는 기회가 없었다! 그들의 집단적인 유혹에도 불구하고, 이아손과 그의 부하들은 세이렌에게 주의를 기울이지 않았다. 그들은 유혹에 굴복하고 싶은 마음이 조금도 들지 않았다. 왜일까? 세이렌이 노래를 멈췄기 때문일까? 인간의 마음을 사로잡는 능력을 상실했기 때문일까? 전혀 그렇지 않다.

이아손과 그의 부하들은 초월적인 소리에 매료되어 유혹을 거절했을 뿐이다. 오르페우스의 음악에는 차원이 완전히 다른 탁월함이 있었다. 이아손과 그의 부하들은 훨씬 더 탁월한 음악을 들었기 때문에 세이렌의 유혹을 거절한 것이다. 그들은 훨씬 더 고결하고 감미로운 것을 경험했다.

대부분의 사람들은 기독교가 지루하고 궁극적으로 만족을 주지도 않으면서, 그들이 훨씬 더 탐닉하고 싶어 하는 유혹을 혐오한다고 생각한다. 나의 영혼이 지속적으로 갈망하는 것과 항상 반대되는 행동을 하고, 가장 깊은 욕망을 억누르면서 이 땅에서 한 번뿐인 삶을 사는 것에 대해 생각하는 것만큼 나를 우울하게 만드는 것은 없다. 그러나 내가 하나님이 아닌 다른 것으로 만족을 구하는 한, 그렇게 되지 않으리라는 희망은 거의 없다.

이 이야기와 책 전체에서 말하고자 하는 요점은 바로 이것이다. 나는 단순히 그리스도인의 삶을 살기를 원하지 않는다. 나는 그리스도인의 삶을 사랑하고 싶다. 율리시스는 세이렌의 유혹에서 살아남을 수 있었다. 그러나 오직 이아손만이 유혹을 이겼다. 물론 두 사람 모두 '순종'했다. 어느 쪽도 굴복하지 않았다. 어느 쪽도 그들의 욕망을 탐닉하지 않았다. 두 사람은 눈앞의 위험에서 벗어났다. 하지만 단 한 가지가 달랐다. 그 한 가지가 바로 당신이 이 책을 읽는 이유다.

당신은 변화를 원한다. 무엇을 어떻게 바꿀지는 오직 당신만 알고 있다. 그러나 당신의 마음에는 당신이 아닌 다른 사람이 되고자 하는 만성적인 고통이 있다. 삶은 일종의 변화에 관한 것이다. 가난한 사람들은 부자가 되기를 원한다. 병든 자는 치유되기를 원한다. 비만인 사람은 체중 감량을 갈망한다. 중년층은 기미와 처진 피부를 두려워한다. 외로운 사람들은 우정을 갈망하고, 노예들은 자유를 꿈꾼다. 모든 사람이 변화의 과정에 있거나, 변화의 압박에 저항하고 있거나, 변화가 없음을 한탄하고 있다.

대부분의 기독교인들은 후자인 경우가 많다. 그들은 죄책감에 짓눌리거나 두려움에 얼어붙어 있으며, 정욕에 속박되어 있고, 시기심에 사로잡혀 있다. 그런데 가장 나쁜 것은 따분해 죽을 지경이라는 것이다. 그들은 예수님이 '풍성한 생명'(요 10:10)에 대해 말씀하셨고, 베드로가 '말할 수 없는 영광스러운 즐거움'(벧전 1:8)에 대해 말했다는 것을 알고 있다. 그러나 그런 말은 멀게만 느껴진다. 그들은 자신의 영혼을 살펴보다가 발견한 이기심과 탐욕과 교만과 용서하지 않는 마음에 두려움을 느낀다. 나는 더 많은 것을 하나하나 언급하면서 고통스럽게 하려는 것이 아니다.

이것이 바로 당신이 계속 이 책을 읽고 있는 이유다. 당신을 움직이는 것은 단순한 호기심이 아니다. 당신은 아마도 상황을 다르게 만들 만한 말이 나올지 궁금해하고 있을 것이다. 효과가 있는 것은 거의 없었다. 성화의 비법과 5단계 법칙, 축사, 상담 등 우리가 노력하지 않은 것이 아니다. 자기부인이 실패하면, 우리는 자기주장에 빠진다. 자기희생이 실패하면, 방종에 빠진다. 이것이 반복되면서 많은 사람들이 절망감을 느끼기 시작한다. 이 문제에 대해

chapter 7
모든 즐거움보다 더 감미로운

한 가지 제안을 하겠다.

예수님을 따르는 삶의 본질은 더 열심히 노력하는 것이 아니라 더 많이 누리는 데 있다. 노력하지 않고 바꿀 수 있다고 말하는 것이 아니다. 나는 즐거움이 노력에 능력을 부여한다는 말을 하고 있는 것이다. 하나님을 기뻐하는 것은 정결의 능력이 된다.

죄의 쾌락이 인간의 영혼에게 행사하는 악한 통제력은 오직 하나님이 약속하신 예수님을 아는 더 큰 기쁨에 의해 깨어질 것이다. 하나의 쾌락을 정복하는 유일한 방법은 다른 쾌락, 더 크고 강한 쾌락을 경험하는 것이다. 고대 신화 속 세이렌의 소리든, 현 시대에 실제적으로 우리의 마음을 끄는 것이든, 원리는 동일하다. 우리의 유일한 희망은 하나님을 누리는 기쁨을 극대화하는 것이다.

이것들은 선택의 문제다. 당신도 율리시스처럼 계속해서 종교적 밧줄의 제한적인 영향력, 곧 두려움, 보복, 죄책감 등의 구속력에 맞서 싸우면서 마음으로는 당신의 손이 거부한 것들을 계속 갈망할 수 있다. 아니면 이아손처럼 더 감미로운 소리를 들었기 때문에 진심으로 세이렌의 유혹을 거절할 수 있다. 당신은 죄와 세상의 추악함과 헛됨을 증명하는 데 시간과 에너지를 쏟으면서, 그런 것들은 당신의 애정을 받을 가치가 없는 것처럼 담대하게 거절하고 싶어 한다. 아니면 하나님이 당신을 위해 예수님 안에 두신 아름다움과 영광을 증명하면서 기쁘고 행복한 사랑에 빠진다.

나는 두 종류의 기독교인이 있다고 믿는다. 한 부류는 두려움과 불확실성에 사로잡혀 있고, 또 다른 부류는 아름다움과 기쁨을 좇는 사람들이다. 전자는 실패할 경우의 끔찍한 결과들이나 들킬 경우의 수치와 굴욕을 끊임없이 상기시킴으로 스스로 '순종'하게 만든다. 그들은 천국의 기쁨에 매료되기보다는 대중에게 노출될 것에 대한 두려움에 의해 움직인다.

다른 사람들은 육체의 속삭임에 영향을 받지 않는다. 그들은 세상이 얼마나 매력적일 수 있는지 알고 있다. 그러나 그들의 마음은 비할 데 없는 하나님의 아름다움에 매료되어 활력을 얻는다. 그들의 의지는 교회 권위자들의 기대가 아니라 예수 그리스도의 얼굴에 나타난 하나님의 영광을 누림으로 힘을 얻는다.

제럴드 맥더멋은 이렇게 말했다. "참된 성도들은 사랑에 이끌려 자기들이 할 일을 한다. 진정한 그리스도인들은 그리스도 안에 있는 하나님의 사랑이 너무나 매력적이고 아름다워서 그분을 섬기지 않을 수 없다는 것을 알게 된다. 하나님과 그분이 인간을 자신에게 이끄시는 방식은 찬란하고 아름답다."[2] 간단히 말해서, 우리의 마음을 죄의 묶임이나 일시적인 쾌락으로부터 해방시키는 유일한 방법은 예수님의 아름다움을 바라보는 기쁨과 즐거움에 대한 열정을 키우는 것이다.

하나님께서 우리를 조금도 부족하지 않게 만드셨다는 사실을 흔들림 없이 굳게 믿어야 한다. 인간의 영혼의 수준을 높이고, 창조된 목적대로 충만한 삶을 살 수 있도록 힘을 주는 것은 종교적 위협이나 새로운 규칙이나 영적 질책으로 인한 불안감이 아니다. 죄가 가져다주는 쾌락은 덧없고 무익하지만, 하나님 우편과 그분의 찬란한 영광 앞에는 영원한 즐거움이 있다는 약속을 믿는 것이다 (시 16:11).

세계의 창

무엇이 사람들을 움직이게 하는지 알고 싶다면, 신문이나 주간지를 집어 들면 된다. 2002년 5월 28일자 〈USA 투데이〉와 2002년 6월 3일자 〈뉴스위크〉의 대표적인 기사들을 살펴보자.

- 가장 먼저 눈에 들어온 기사는 너무나도 친숙한 이야기였다. 텔아비브 외곽의 쇼핑몰에서 또 다른 자살 폭탄 테러가 있었다. 그는 즉시 천국에 가서 끝없는 관능적 쾌락을 보상받을 것이라는 말에 현혹되어 기꺼이 한 여자와 어린 소녀를 죽이고, 40여 명에게 부상을 입혔다.

- 이 신문은 끔찍한 내용에서 어처구니없는 내용으로 넘어가는데, 미국 소비자들이 2001년에 운동화 구입에 154억 달러를 썼다고 보고했다. 그렇다. 1,500만 달러가 아니라 150억 달러! 이와 관련해서 스케이트보드, 자전거 스턴트 라이딩, 프리스타일 모터크로스 점프, 인라인 스케이트 등이 포함된 익스트림 스포츠에 대한 이야기가 있었다. 이러한 활동들의 위험성은 얼마나 많은 이들이 이 스포츠를 즐기는지 보여 준다.

- 다소 가볍고 경솔한 측면이 있는 영화 〈스파이더맨〉은 개봉 후 25일 동안 3억 3,400만 달러의 수익을 올렸다. 〈스타워즈 에피소드 2: 클론의 습격〉의 수익은 단 12일 만에 2억 달러에 도달했다.

- 같은 페이지 맨 아래 쪽에는 사이버 공간에서 만남을 갖던 13세 소녀의 비극적인 기사가 있었다. 그녀는 채팅방에서 여러 남성들과 메시지를 주고받다가 종종 만나 성관계를 갖기도 했다. 그렇게 만난 남자 중 한 명이 그녀를 목 졸라 죽이고, 시신을 계곡에 던졌다.

- 9·11 테러 이후 긴장한 승객들이 비행 중 휴식을 취할 수 있도록 고안된 '비행기 요가'의 장점을 칭송하는 짧은 기사도 있다.

chapter 7
모든 즐거움보다 더 감미로운

- 마지막으로 주요 기사는 십대 소녀들의 도전과 승리, 그리고 '인기'라는 다소 애매한 목표에 관한 것이다. 한 소녀는 인기가 없는 것이 힘들지 않느냐는 질문에 이렇게 답했다. "내가 모든 것에서 단절된다면? 당신이 나를 못생겨 보이게 만든다면? 그리고 나에게 단지 세 명의 친구만 준다면? 그리고 나를 항상 공부하게 만든다면? 나는 아마도 자살할 것이다."

내일 뉴스도 크게 다르지 않을 것이다. 아마도 더 자극적이고 극단적일 것이다. 이것이 무작위 정보 혹은 무의미한 헛소리라고 생각하는가? 아마 그럴지도 모른다. 그러나 나는 실상은 그것보다 더 심각하다고 생각한다. 성경 말씀이 인간의 본성과 흥분되는 일에 대한 열망을 증거해 줄 수 있을까? 이것은 인간의 끊임없는 쾌락 추구가 슬프고도 기이하게 표현되는 것이 아닐까? 가치관이 왜곡되어 종교적 헌신의 행위로 원수를 죽이게 되는 것이든, 약물에 의한 성적 흥분이든, 또래들이 좋아하거나 경외하는 대상이 되는 것에 열광하여 그렇게 되기 위해 극단까지 가는 것이든지 말이다.

어떤 사람들은 이 뉴스 기사를 읽고, 사람들이 성취하고 싶어 하는 어지러울 정도로 무모한 행동들을 큰 소리로 비웃을 수 있다. 나는 처음에는 충격을 받아 믿지 않으려 하다가, 나중에는 슬픔에 빠져 낙담하기까지 했다. 초월적이고 영원한 기쁨을 위해 창조된 사람들이, 하나님께서 형언할 수 없는 영원한 기쁨을 주시는데도 잠깐의 스릴을 바라면서 그들의 시간, 건강, 돈, 에너지를 허비하는 모습이 너무나 비극적으로 보였다.

이 이야기들을 읽는 사람들 중에는 (인정하고 싶지는 않지만) 이런 것들이 이상하게 매력적이라고 느끼는 이들도 있을 것이다. 그들은 영혼에서 무언가가 살아나는 것을 느낀다. 아마도 그들은 자신의 삶을 지배하는 끝없는 지루함에서 벗어날 수 있을 것이라는 실낱같은 희망을 보았을지도 모르겠다. 결국, 그러한 행동이 효과가 없다면, 적어도 단기적으로는 아무도 그것에 신경 쓰지 않을 것이다.

그렇다면 그토록 많은 유혹을 부추기고 지지하는 세상에서 우리는 과연 어떻게 살고 있는가? 익명성의 스릴과 자기 긍정, 방종 같이 값싸고 즉각적인 만족을 약속하는 것은 어디에나 있다. 그리고 그 역할을 잘 해내는 것 같다.

하나님을 사랑한다고 말하는 사람들은 종종 다음의 세 가지 중 하나로 반응한다. 어떤 사람들은 세상으로부터 스스로를 고립시키기로 한다. 집에 머물며 차양을 내린 채, 천국에 가기 위해 TV를 켜지 않는다. 다른 사람들은 일시적인 즐거움을 약속하는 압력에 굴복하여 세상을 탐닉한다. 그 다음에는 비굴한 자기 부정에 자신을 팔고, 그것을 거룩이라고 부르는 사람들이 대다수이다. 그러나 이보다 더 좋은 방법이 있다.

chapter 7
모 든 즐거움보다 더 감미로운

어둠 가운데 태어나다

기독교인라면 누구나 성 어거스틴에 대해 들어 본 적이 있을 것이다. 그러나 그가 성인이 아닌 시절이 있었다는 사실을 아는 사람은 많지 않다! 더 중요한 것은 하나님을 기뻐함으로 삶을 변화시킬 수 있다는 것을 발견한 사람 중 그보다 더 좋은 예가 생각나지 않는다는 것이다.

그는 354년 11월 13일에 북아프리카의 작은 도시인 타가스테에서 태어나 430년 8월 28일에 사망했다. 그의 아버지 파트리시우스는 그리스도에 대한 신앙을 고백한 이교도로, 죽기 직전에 침례를 받았다. 어거스틴과 아버지의 관계는 이상적이지 않았다. 그의 아버지는 징계에 대해 매우 관대하여 아들이 원하는 대로 하도록 허용했다. 어거스틴에게는 형(나비기우스)과 그가 한 번도 이름을 언급한 적이 없는 누이가 있었다.

독실한 기독교인이었던 어거스틴의 어머니 모니카는 항상 아들을 위해 기도했다. 그녀의 중보기도는 아들과 손을 잡고 천국을 걷는 꿈을 꾸면서 더 뜨거워졌다. 어거스틴은 열한 살에 타가스테에서 남쪽으로 20마일 떨어진 마다우라로 보내져 라틴어 문법을 배우고, 고전 시인들과 웅변가들에게서 교육을 받았다. 그는 열여섯 살이 될 때까지 마다우라에서 지냈다.

어거스틴의 고백에 따르면, 그는 거칠고 무법한 청년이었다. 그는 단순히 훔치는 즐거움 때문에 도둑질을 했고 거짓말에도 능했다. 그의 아버지가 개입하지 않았음에도 불구하고 어거스틴은 가혹한 훈육을 피하지 못했다. 그는 학교에서 무례한 언행과 수업 시간에 주사위를 가지고 놀았다는 이유로 여러 차례 매를 맞았다. 세월이 흘러 그가 노인이 되어 주교관을 썼을 때에도 그 시절에 맞았던 기억이 생생하게 남아 있었다. 그는 회한의 고통 가운데 피가 나도록 채찍에 맞은 일을 떠올리곤 했다.[3]

18세가 되었을 때, 그는 북아프리카의 카르타고로 보내졌는데, 이곳에서 머지않아 수사학 학부의 학과장이 되었다. 그가 그곳에 도착하기 전에 그의 어머니는 다음과 같이 그에게 경고했다.

. .

어머니는 나에게 음행하지 말라고, 특히 남의 아내를 더럽히지 말라고 당부하셨다. 이것은 내가 따르기에는 부끄러운 여자들의 조언과 다를 바 없어 보였다. … 나는 동급생들 사이에서 그들보다 못한 죄를 범하는 것이 부끄러울 정도로 무분별하고 저돌적이었다. 그들은 자기들이 저지른 못된 짓을 매우 자랑스러워하였다. 그들이 얼마나 더 짐승 같았는지를 자랑스럽게 여겼다. 나도 그렇게 하는 것을 좋아했을 뿐만 아니라 칭찬하는 것도 즐거워했다.[4]

그는 반항심으로 여러 해 동안 정부와 함께 살면서 아데오다투스(직역하면 '신의 선물')라는 아들을 얻었다. 어거스틴은 연극과 배우들의 상상 속의 기쁨과 슬픔에 빠져들었다. 그러다가 19세에 키케로의 철학을 접하게 되면서 이 환상의 세계에서 빠져나왔다. 그는 곧 형이상학적 이원론의 급진적 형태를 지지하는 영지주의 철학의 한 유형인 마니교에 매료되었다. 마니교인들은 선과 악이 영원하며, 그 힘이 동등하다고 믿었다. 어거스틴은 9년 동안 마니교에 빠져 있었고, 그 후 이탈리아 밀라노에 정착하여 교직 생활을 재개했다.

빛으로 거듭나다

어거스틴은 밀라노에서 지내는 동안, 총명하고 명석한 주교인 암브로시우스의 영향을 받았다. 그러나 그의 궁극적인 개종에 결정적인 영향을 끼친 것은 그의 어머니 모니카와 그녀의 끊임없는 중보기도였다. 그는 "다른 어머니들이 아들의 육체적 죽음에 흘린 것보다 (어머니는) 나의 영적 죽음에 대해 더 많은 눈물을 흘리셨다"[5]고 말했다. 모니카가 연로한 감독에게 조언을 구했을 때, 그녀는 다음과 같은 말을 들었다. "그를 홀로 놔두십시오. 그를 위해 하나님께 기도하십시오. 그는 독서를 통해 자신의 실수와 신성모독의 깊이를 깨닫게 될 것입니다. … 이제 평안히 가십시오. 눈물의 아들은 망할 수 없습니다."6)

어거스틴의 인생에서 가장 큰 장애물은 지적인 것이 아니라 도덕적인 것이었다. 그는 15년 동안 정부와 살았다. 그의 기도 중 하나는 "나에게 순결과 금욕을 허락해 주십시오. 그러나 아직은 아닙니다!"였다. 그가 어느 정도로 문란한 생활을 했는지에 대해서는 의견이 분분하다. 그는 욕망이 그의 영혼 안에서 어떻게 혼란을 일으켜 뒤흔들고 밀려들며 그를 끓어 넘치는 음란의 급류 속으로 몰아갔는지 자주 이야기하곤 했다. 다음은 그중 일부이다.

. .

> 사랑하고 사랑받는 것 외에는 아무것도 신경 쓰지 않았다. 그러나 내 사랑은 다른 사람을 같은 마음으로 사랑하는 것을, 우정의 밝은 빛이 포물선을 그리며 움직이는 것을 넘어서는 것이었다. 늪과도 같은 육체적 욕망과 내 안에서 솟아나는 혈기 넘치는 정욕은 내 마음을 흐리게 하고 어둡게 하여 참된 사랑의 선명한 빛과 정욕의 어두움을 구별할 수 없도록 안개를 내뿜었다.7)

그의 고군분투에도 불구하고 주님은 은혜로 그를 찾아내셨다. 그가 살던 집에 딸린 작은 정원에서 그를 궁지로 몰아넣으셨다.

..

이제 나는 가슴속 격정으로 인해 이 동산에 피해 있는 것을 깨달았다. 이곳에는 나 자신과의 치열한 투쟁을 방해할 사람이 아무도 없었다. … 나는 정신을 차릴 수 없을 정도의 광기로 제정신이 아니었다. 나는 나에게 생명을 가져다줄 죽음을 맞이하고 있었다. … 나는 주님의 뜻을 받아들이지 않고, 그분과 언약을 맺지 않은 나 자신에 대한 격렬한 분노에 사로잡혀 미칠 지경이었다. … 나는 머리를 쥐어뜯고 주먹으로 이마를 쳤다. 그리고 깍지를 끼고 무릎을 껴안았다.[8]

마지막으로 기도하면서, 그는 다음과 같은 말을 내뱉었다. "얼마나 오래 기다려야 합니까? 얼마나 걸립니까? 내일? 아니면 그 다음날? 지금은 왜 안 되죠? 내 더러움이 왜 지금 바로 끝나지 않습니까?" 그러자 은혜로운 구원의 기적이 일어났다.

..

내가 이 말을 하고 마음 깊이 통회하며 울고 있을 때, 소년 혹은 소녀의 목소리를 들었는데, 정확히 어느 쪽인지는 모르겠다. 이웃집에서 들려오는 그 목소리는 같은 말을 반복해서 외치고 있었다. "집어 들고 읽으라. 집어 들고 읽으라." 나는 성경을 붙잡고 펴서 처음으로 눈에 들어온 단락을 조용히 읽었다. "오직 주 예수로 옷 입고 정욕을 위하여 육신의 일을 도모하지 말라"(롬 13:14). 더 이상 읽을 것도, 쓸 필요도 없었다. 말씀이 끝나자마자 즉시 내 마음에 평안의 빛이 들어왔고, 모든 의심의 어둠이 사라졌다.[9]

그의 저항은 그가 '주권적인 기쁨'이라고 명명한 하나님의 은혜에 힘을 잃었다. 그는 다음과 같이 썼다.

한때 잃어버릴까 두려웠던 무익한 기쁨을 단번에 없애는 것은 얼마나 달콤한 일인가! … 당신은 그들을 나에게서 몰아내고, 그들의 자리를 차지하셨습니다. 당신은 모든 즐거움보다 더 감미로우십니다. … 오 주 나의 하나님, 나의 빛, 나의 부요함, 나의 구원이시여![10]

앞에서 말했듯이, 말씀에는 삶을 바꾸는 힘이 있다. 만약 조나단 에드워즈의 선포를 최고로 여기지 않았다면, 어거스틴의 이 말이 내가 가장 좋아하는 구절이 되었을 것이다. 그러나 그들 모두 같은 말을 하고 있기에 어느 하나를 선택할 필요는 없다. 그들은 모두 하나님을 즐거워하는 능력 가운데 영혼의 변화와 활력을 경험하였다.

무익한 기쁨

인생에서 경험한 실패나 좌절은 무익한 기쁨에 마음을 빼앗긴 정도와 직접적으로 관련이 있다. '무익한 기쁨', 얼마나 흥미로운 표현인가? 그것은 무엇인가? 어거스틴은 왜 자신의 생애를 이렇게 표현한 것인가?

무익한 기쁨은 삶이 지루하거나 우울하고 외로울 때 찾는 것으로, 당장 아무것도 변하지 않을 것이라는 사실을 안다. 무익한 기쁨이 반드시 수치스러운 죄는 아니다. 그것은 삶을 조금 덜 지루하게 만들기 위해 우리가 많은 시간을 투자하는 무해한 취미일 수 있다. 그것은 우리가 소유하거나 잃어버리지 않으려고 애쓰는 최신 장치들일 수 있다. 절대로 이루어지지는 않지만, 이상하게도 따분한 삶에 어느 정도의 흥분을 가져온다는 것을 알기에 우리의 머릿속에 소용돌이치는 환상이나 공상일 수 있다.

무익한 기쁨은 사람마다 다르다. 어떤 사람에게는 자신을 배신한 사람에 대한 비통함일 수 있다. 다른 사람에게는 삶에 대한 환멸이다. 또 다른 사람에게는 비뚤어진 방식으로 영혼에 활력을 불어넣는 분노와 용서다.

무익한 기쁨은 자신을 할리우드 여배우의 삶과 동일시하며 경험하는 정신적 도피에서부터 새로운 소문에 대한 흥분에 이르기까지 무엇이든 될 수 있다. 또는 포르노 영상이나 탈세, 자존심, 불륜, 알코올, 마약이 될 수도 있다. 또는 어거스틴이 말했듯이, 그것 없이는 살 수 없다고 확신하는 것들이다. 어거스틴에게는 그가 한때 '잃을까 봐 두려워한' 것이었다.

누군가에게는 단순히 잃을까 봐 두려운 것이 아니다. 그들은 그것들이 그럴만한 자격이 있다고 확신한다. "사람들이 나를 몇 번이나 실망시켰는지 안다면, 하나님께서 내가 얼마나 많은 것을 참아야만 했는지 아신다면, 나에게 무익한 기쁨 몇 가지를 양보하실 것이다!"

그런데 왜 '무익한' 기쁨이라고 부르는 걸까? 생각해 보면 당연하다. 지금 당장은 아무리 효과가 좋아 보여도, 장기적으로는 만족이 없기 때문이다. 이것들은 종종 우리가 그토록 사소하고 별것 아닌 일에 너무 많은 시간과 돈과 에너지를 낭비한 것에 대해 죄책감을 느끼게 한다. 표면적으로만 영향을 줄 뿐, 영혼 깊숙이 도달하지도, 중요한 곳에서 차이를 만들어 내지도 못한다. 우리를 공허하게 만들고, '살아가는 데 이것보다 더 많은 것이 있어야 한다'고 하며 호기심을 자극한다.

무익한 기쁨은 우리에게 변화를 가져올 것 같지만, 유혹과의 싸움에서 우리를 도울 힘이 없음을 증명한다. 당장은 아무리 효과가 있어도, 우리는 하나님께서 우리를 더 위대하고, 더 좋고, 더 만족스럽게 만드셨다는 것을 안다.

그렇다면 우리는 왜 그것들을 그렇게 강하게 붙들고 있는가? 우리는 왜 그것들을 빼앗길지 모른다는 두려움에 사로잡혀 살아가는가? 그것이 열매 없는 '기쁨'이기 때문이다. 그것이 아무리 덧없고 일시적이며, 궁극적으로 만족이 없어도 기쁨인 것이다. 어거스틴은 열매 없는 '사건'이나 '사물'이 아니라 '기쁨'에 대해 말했다. 그것들이 어느 정도 효과가 있기 때문에, 우리는 지루함과 고통의 시간에 계속해서 그것들에게 되돌아간다! 적어도 현재는 그렇다.

이것이 우리 영혼의 본성에 대해 무엇을 말해 주는지 생각해 보라. 당신의 마음은 언제나 가장 큰 기쁨을 가져다주는 것에 끌릴 것이다. 그것에 대해 사과하지 말라. 그것은 잘못된 양육이나 유전적 오류 또는 부적절한 교육의 결과가 아니다. 죄의 열매는 더욱 아니다. 하나님은 당신의 영혼을 '기쁨 측정기'로 창조하셨다. 그래서 당신은 인생에서 가장 크고 깊게 새겨지는 선택을 하게 된다. 기분이 좋아지거나 행복과 기쁨을 경험하고 싶다는 이유로 자신을 쳐서 감정이 상해 피멍이 들었을지도 모르겠다. 이제 그것을 멈추라! 회개하지 말라.

어거스틴은 철학이 아니면 음행, 음행이 아니면 연극의 환상이 최고의 기쁨을 가져다줄 것이라고 확신했다. 그래서 그는 예수 그리스도를 만나기까지 평생 의지한 '무익한 기쁨'을 잃을까 두려웠던 것이다. 하나님의 은혜로 그분의 선하심과 구원의 감미로움을 맛보았을 때, 그토록 오랫동안 그의 마음을 사로잡았던 그 기쁨들은 그의 영혼 안에서 변질되어 지독한 악취가 났다.

무익한 기쁨은 마술처럼 사라지는 것이 아니다. 저절로 없어지지 않는다. 즐거움을 주는 힘이 약해지기 시작하면, 인간의 영혼은 곧 적절한 대체품을 찾게 된다. 어거스틴이 자신의 회심과 그리스도인의 삶을 묘사하면서 "당신(하나님)이 그들을 내게서 쫓아내셨습니다" 하고 멈추었다면, 즉시 그가 버린 것들을 대신할 다른 무익한 기쁨이 발견되었을 것이다.

무익한 기쁨은 저절로 고통이나 불편함, 추함으로 바뀌지 않는다. 그것이 더 큰 기쁨, 더 즐거운 기쁨, 잠시가 아니라 영원히 만족시키는 기쁨으로 옮겨질 때만 당신의 영혼을 지배하지 못한다. 그래서 어거스틴은 이렇게 선포했다. "당신(하나님)이 나에게서 그들을 몰아내시고, 그 자리를 차지하셨습니다. 모든 즐거움보다 더 감미로운 당신!" 어거스틴은 쾌락을 포기했기 때문에 죄된 방종을 중단한 것이 아니다. 그는 단순히 더 큰 즐거움, 더 오래 지속되는 기쁨, 충만한 기쁨, 그리고 영원한 즐거움을 찾았을 뿐이다(시 16:11). 하나님의 은혜로 그의 영혼은 무익한 기쁨을 버리고, 하나님이 약속하신 예수 그리스도 안에 있는 더 큰 기쁨을 신뢰하게 되었다.

이것이 은혜의 진정한 의미다. 은혜는 우리의 욕망을 약하게 여기거나, 제거하거나, 우리로 하여금 그것을 거부하게 만들지 않는다. 은혜는 우리의 욕망을 변화시키는 성령의 역사이다. 그래서 예수님을 아는 것이 불륜이나 돈, 그리고 돈으로 살 수 있는 것보다, 무익한 모든 기쁨보다도 더 감미로운 것이다. 은혜는 하나님이 우리의 영혼을 그의 아들로 만족시키셔서 우리가 다른 모든 것에 시들해지는 것이다!

주님 외에는 아무것도 아닙니다

이러한 변화는 어거스틴만 경험한 것이 아니었다. 그로부터 7세기 후 중세의 가장 위대한 신학자인 토마스 아퀴나스도 비슷한 경험을 했다.

토마스 아퀴나스는 1225년 이탈리아 로카세카에서 태어났다. 그의 아버지는 아퀴노의 란돌프 백작이었다. 그는 1242년에 가족의 뜻에 반하여 열아홉 살의 나이로 도미니크 수도회에 입단했다. 그의 아버지는 이것을 가족에 대한 반항으로 여기고, 형제들을 보내 그를 납치했다. 그들은 매춘부로 그를 유혹하여 죄짓게 하려고 했다. 그러면 그가 자신을 봉사의 직무에 적합하지 않은 사람으로 여길 거라고 생각한 것이다! 그러나 그들은 성공하지 못했다. 가족들은 그를 2년 동안 가둬 두었지만, 결국은 그의 결정을 인정했다.

아퀴나스는 풀려나자마자 즉시 교단으로 돌아왔고, 파리에 있는 대학에서 공부를 시작했다. 그리고 이탈리아에서 12년 동안 가르치다가 1269년에 다시 파리로 돌아갔다. 그런데 그곳에서 반대에 부딪쳐 1272년에 학교 설립을 위해 나폴리로 파견되었다. 그리고 2년 후인 1274년 3월 7일에 시토 수도원에서 사망했다.

전해지는 이야기에 따르면, 그가 죽은 직후 그의 시신이 묻힌 곳 근처에서 기적이 일어나기 시작했다고 한다. 토마스가 장사된 포사노바의 시토회 수도사들은 누군가가 그의 시신을 훔쳐 갈까 봐 두려웠다. 그들은 무덤을 파헤쳐서 시신의 머리만 예배당 은밀한 구석에 두었다. 이런 상태가 뼈만 남을 때까지 거의 50년간 지속되었다. 그의 시신은 결국 툴루즈의 도미니카 수도원으로 옮겨져 오늘날까지 남아 있다.

그의 스승인 알베르토 마그누스는 아퀴나스에 대해 "우리는 이 소년을 벙어리 황소라고 부르지만, 전 세계가 그의 고함소리를 들을 것이다"라고 말했다. 그의 별명(벙어리 황소)은 평생 그를 따라 다녔다. 그의 가장 뛰어난 두 작품은 여러 권으로 된 《대이교도대전》(Summa contra Gentiles, 스페인과 북아프리카의 이슬람 학자에 대한 반론)과 《신학대전》(Summa Theologica, 역사상 가장 야심차고 합리적인 신학서적으로 평가받는 그의 조직신학)이다.

아퀴나스는 1323년에 성인의 반열에 오르며 '천사 박사'라는 칭호를 받았다. 교황 비오 5세는 1567년 트리엔트 공의회에서 그에게 '교회의 만능 박사'라는 칭호를 수여했다(공의회 기간 동안 성경 다음으로 중요하게 여기던 《신학대전》의 사본이 제단에 놓였다). 그는 약 60편의 작품에 천만 단어 이상을 기록했다!

토마스 아퀴나스를 경건한 열정이 결여된 냉철하고 지적인 신학자로 여기지 않도록, 한 젊은이가 전한 그의 이야기를 생각해 보라. 나폴리에서의 마지막 몇 년 동안 토마스 아퀴나스는 (결코 끝내지 못한) 결론을 내리기 위해 노력하고 있었다. 한 젊은이가 깊은 기도 가운데 (전해지는 말에 의하면) 공중에 떠 있던 토마스를 찾기 위해 방 안으로 들어갔다. 그때 토마스가 손에 들고 있던 십자가에서 음성이 들려왔다. "내가 너의 모든 수고에 어떤 상을 줘야 하겠느냐?" 그러자 토마스가 대답했다. "주님, 없습니다. 당신 외에는 아무것도 아닙니다."

얼마 후인 1273년 12월 6일, 그는 미사 중에 엄청나게 깊고 심오한 경험을 하면서 더 이상 글을 쓰지 않게 되었다. 친구들이 《신학대전》을 완성하라고 재촉하자, 그는 이렇게 대답했다. "그럴 수 없네. 내가 본 것과 (미사 중에) 깨닫게 된 것에 비하면, 내가 쓴 모든 것이 지푸라기처럼 보인다네."

역사가들은 토마스가 보거나 듣거나 느낀 것에 대해 끊임없이 추측해 왔다. 확실하게 알 수는 없지만, 그것은 장엄하고 신성한 영광의 계시, 숨이 막힐 정도로 아름다운 영적인 계시였을 것이다. 그것은 토마스가 평생 저술한 신학의 천만 단어를 부끄럽게 만들었다.

더 즐거워하기

어거스틴과 토마스는 지식이 종말을 고하고, 인간의 마음이 경이로운 숭배에 녹아드는 지점이 있다는 사실을 증언한다. 앞에서 말했듯이, 결실 없는 무익한 기쁨과의 투쟁을 해결하는 방법은 더 열심히 노력하는 것이 아니라 더 많이 즐거워하는 것이다! 즐거움은 노력에 힘을 실어 준다. 행함은 기쁨의 열매이다. 성취는 즐거움에 의해 활성화된다.

하나님은 우리가 구원의 감미로움을 맛보고, 그리스도의 사랑의 교향곡을 들으며, 아버지의 영광의 아름다움을 보고, 그분의 임재의 기쁨을 느끼며, 그분의 영원한 선하심의 향기를 맡을 수 있도록 무익한 기쁨을 버리라고 초대하신다. 이것이 우리 영혼이 창조된 목적이다. 그리고 이렇게 할 때, 하나님이 최고로 영광받으신다.

죄의 쾌락이 인간의 영혼에게 행사하는 악한 통제력은

오직 하나님이 약속하신 예수님을 아는

더 큰 기쁨에 의해 깨어질 것이다.

하나의 쾌락을 정복하는 유일한 방법은 다른 쾌락,

더 크고 강한 쾌락을 경험하는 것이다.

chapter **8**

하나님께 반하다

ne Thing

주의 존귀하고 영광스러운 위엄과 주의 기이한 일들을

나는 작은 소리로 읊조리리이다

(시 145:5)

나는 사람들의 진의를 추측해야 할 때, 좀처럼 편하지가 않다. 그들이 자신의 의도를 분명히 할 때, 그들의 말을 듣거나 글을 읽는 것이 더 마음 편하다는 것을 알게 되었다. 바로 이 점이 내가 사도 바울에게 끌리는 이유 중 하나다. 그는 자신의 목적을 분명히 한다.

1세기 고린도 교회는 자주 바울의 동기에 의문을 제기했고, 때로는 유혹에 넘어가 바울이 자기 이익만 도모하고, 자기들의 필요에는 둔감하다고 비난하기도 했다. 바울은 이것을 알고 있었기에 그의 두 번째 서신에서 자신이 왜 그렇게 행동하고, 말했는지 명확히 설명하기 위해 애썼다. 다음 구절을 주의 깊게 읽어 보라.

내가 내 목숨을 걸고 하나님을 불러 증언하시게 하노니 내가 다시

고린도에 가지 아니한 것은 너희를 아끼려 함이라 우리가 너희 믿음을 주관하려는 것이 아니요 오직 너희 기쁨을 돕는 자가 되려 함이니 이는 너희가 믿음에 섰음이라 (고후 1:23-24)

나는 바울이 그렇게 거리낌 없이 자신의 의도를 밝히는 것에 놀랐다. 일부 고린도 사람들은 바울의 행동과 여행 계획이 자주 바뀌는 것이 거만하고 권위적인 리더십을 보여 준다고 생각했던 듯하다. 그러나 바울은 자신의 행동을 좌우하는 것은 그들의 필요에 대한 무관심이나 거만한 태도가 아니라는 것을 신속하게 일깨워 주었다. 오히려 그렇게 하는 것이 그들을 가장 기쁘게 할 것이라고 믿었기에 내린 결정이었다!

바울은 고린도인들에게 (그럴만한 이유가 있어서) 몇 가지 가혹한 말을 했는데, 그의 책망에 마음이 상하는 경우가 있었다. 그러나 그의 목표는 항상 그들의 기쁨이었다! 바울은 개인적인 능력을 키우거나 영향력을 확장하거나 명성을 높이거나 통제력을 강화하려고 사도적 소명을 수행한 것이 아니었다. 오직 예수님 안에서 그들의 기쁨을 더하게 하려는 것뿐이었다.

바울은 이렇게 말하는 것 같다. "내가 너희를 교회의 분파주의(고전 3장)나 도덕적으로 문란한 행위(고전 5-6장)나 영적인 권세의 남용(고전 12-14장) 때문에 책망하더라도, 내 목표는 너희가 예수님 안에서 기쁨을 얻는 것이다. 내가 너희에게 재정적으로 후할 것을 호소하든(고후 8-9장), 거짓 사도들에 대해 경고하든(고후 11장), 나의 목표는 너희가 예수님 안에서 기쁨을 누리는 것이다." 만약 바울이 설명을 요구받았다면, 나는 그가 선한 기독교 쾌락주의자처럼 이렇게 대답했을 것이라고 믿는다. "너희가 예수 그리스도의 얼굴에 나타난 그 아름다움의 충만함에 가장 기뻐하고 만족하며 안식할 때, 하나님이 너희 고린도인들(그리고 모든 신자) 안에서 가장 영광을 받으시기 때문이다."

그들이 예수님 안에서 기쁨을 누리도록 바울이 헌신한 것은 사탄도 그들이 일시적인 죄의 쾌락을 즐기게 하려고 전심전력하고 있다고 믿었기 때문이었다(히 11:25 참조). 그는 그들의 지치고 상한 마음을 위해 하나님은 하실 수 없는 일을 세상과 육신과 죄악된 방종은 할 수 있다고 믿도록 유혹하는 것이 사악한 전략이라는 것을 너무나 잘 알고 있었다. 이것이 그들과 우리가 매일 직면하는 전투다.

우리는 지금 영혼들의 생각을 사로잡고 사랑을 얻기 위한 전쟁이 벌어지고 있음을 세상에 일깨워야 한다. 승자는 자신이 영혼에 가장 큰 만족과 기쁨을 가져다줄 것이라고 설득하는 자가 될 것이다. 이것이 바로 1세기 교회의 성도들이 예수님 안에서 기쁨을 얻게 하려고 바울이 그토록 열정적이고 희생적으로 수고한 이유다.

그리고 내가 이 시대의 교회를 위해 이 책을 쓴 이유이기도 하다.

동의어의 유익

하나님을 즐거워하는 것은 좋은 것 같지만, 실체가 필요하다. '예수님을 기뻐하고 즐거워하라'는 것은 정확히 무엇을 의미하는가? 이 물음에 대해 탐구하기 시작하면서, 내 어휘력의 한계에 큰 좌절을 경험했다. 단순히 기쁨이나 즐거움, 만족에 대해 이야기하는 것만으로는 하나님을 경험한다는 것에 대해 그 본질을 제대로 보여 주지 못하는 것 같았다. 지적이고 감정적인 차원에서 하나님을 즐거워하고 그분의 영광의 계시를 기뻐한다는 것을, 그러한 경험에 어울리는 말들로 다양하게 표현할 필요가 있었다.

그래서 우리에게 그분을 아는 특권을 주신 하나님께 어울리면서, 당신의 마음에 강렬한 영적 반응을 일으킬 단어를 찾기 위해 사전을 샅샅이 뒤졌다. 사전에서 만족할 만한 내용을 얻지 못하게 되자, 동의어 사전에 눈을 돌렸다. 이 작업을 시작한 지 몇 년이 지났지만, 인간의 언어가 우리가 만들어 낸 기쁨을 표현하기에는 한계가 있음을 지속적으로 느끼고 있다.[1] 하지만 나는 최선을 다했다. 이것이 바로 하나님께서 당신의 마음을 창조하시고, 그 안에 지울 수 없는 형상을 새기실 때에 의도하신 것이다. 당신은 이렇게 창조되었다.

..

- 하나님의 의해(하나님께) 황홀해하다 … 매혹되다 … 몰두하다
- 하나님께 넋을 빼앗기다 … 도취되다 … 매료되다
- 하나님의 의해(하나님께) 기뻐서 어쩔 줄 모르게 되다 … 흥분되다 … 이끌리다
- 하나님께 경탄하다 … 놀라다 … 경외심을 느끼다
- 하나님 때문에(하나님께) 몹시 놀라다 … 열중해 있다 … 열망하다
- 이끌리다, 큰 감동을 받다
- 깜짝 놀라다, 충격을 받다
- 홀딱 반하다, 기뻐서 어쩔 줄 모르다
- 얼이 나가다, 홀리다
- 매력을 느끼다, 넋을 잃다
- 신이 나다, 충격을 받다
- 집착하다, 정신이 팔리다
- 강한 호기심을 가지다, 간절하다
- 압도되다, 지나치게 신경을 쓰다
- 휘어잡히다, 완전히 몰입하다
- 열광하다, 짜릿한 기분을 느끼다

- 애태우다, 매혹되다, 전유물이 되다
- 하나님께 마음을 빼앗기다, 사로잡히다, 도취되다, 푹 빠져 있다, 열광하다

나는 이것이 하나님과 나의 관계를 정확히 묘사하는 것이라면, 내 삶이 어떻게 될지 자주 상상하려고 노력한다. 아마 지금보다 죄를 짓는 것이 훨씬 더 어려울 것이라고 생각한다. 그리고 성경을 읽는 것이 결코 지루하지 않을 것이라고 상상한다. 구원받지 못한 이웃들에게 그리스도를 전하는 일에 보기드문 담대함과 용기를 보일 것이라고 믿는다. 할리우드의 화려함이나 월스트리트에 마음을 빼앗기는 정도가 덜하겠고, 지금보다 훨씬 더 쉽게 도움이 필요한 사람들에게 관대함을 보일 것이라고 믿는다. 그리고 예배가 신학적으로 문제 없고, 육체를 통해 풍부하게 표현되며, 감정적으로 강렬하고, 열정과 친밀감 그리고 마리아가 예수님의 발에 값비싼 향유 한 옥합을 깨뜨려 부었을 때와 같은 거룩한 낭비가 넘쳐흐를 것이라고 확신한다.

기독교인들을 묘사하기 위해 앞서 정리한 단어들을 사용하는 불신자들이 있을까? 몇 명 되지 않을 것이다. 우리는 왜 사람들이 교회를 비웃고, 우리를 아무렇지도 않게 멸시하는지 참으로 당황스럽다! 뭔가 달라져야 한다. 그것이 내가 이 책을 쓴 이유다. 그러

chapter 8
하 나 님 께 반 하 다

나 당신이 나의 글을 읽는 것만으로는 전세를 역전시키기에 충분하지 않다. 하나님을 누리기 위한 전주곡으로 인간의 모든 노력에 앞서 하나님이 움직이신다.

하나님은 무엇을 하고 계신가?

나는 (당신이 믿는 것처럼) 기독교가 변화하려면, 하나님의 백성이 영적인 것처럼 행동하는 것을 넘어 깊은 내적인 변화를 경험해야 한다고 믿는다. 또 하나님의 백성이 변화되려면, 하나님께서 친히 우리 마음에 다시 그분의 거룩한 성품에 매료되도록 불꽃을 붙여 주셔야 한다. 오직 하나님만이 우리 영혼에 그분께 합당한 경이로움과 놀라움을 일깨우실 수 있다.

하나님께서 우리를 위해 예수님 안에 두신 신비롭고 흥미진진한 모든 지식을 그분의 백성에게 회복시켜 주셔야 한다. 그렇게 해야만 죄의 권세를 깨뜨리고, 우리를 영적인 평범함에서 구해 내어 깊은 기쁨으로 끌어들일 것이다. 하나님은 이 기쁨을 누리도록 우리를 창조하셨다.

이 책은 몇 번이고 "하나님을 사랑하려면, 하나님이 필요하다"고 말하는 소리를 들은 마이크 비클에게 헌정되었다. 이 말의 요점은 하나님을 사랑하려면, 사랑의 하나님이 필요하다는 것이다. 오직 그분이 우리를 열망하실 때에만 우리도 그분을 열망할 것이다. 우리가 그분을 사랑하도록 창조되었기에 하나님을 사랑하려면, 먼저 그분 자신이 지으신 사람들을 사랑하셔야 한다. 그분이 솔선수범하셔야 한다. 우리에 대한 헌신의 깊이와 정도, 마음이 상한 사람들을 향한 그분의 마음속 기쁨을 보이셔야 한다. 그래야만 자고 있는 우리의 자기중심적인 영혼들이 깨어나 온 마음을 다해 그분을 찾고, 그분의 아들, 사람이신 예수 그리스도를 통해 나타나는 그분의 계시를 즐거워하게 된다.

요즘 교회나 컨퍼런스나 학교, 어디를 가든지 거의 모든 곳에서 같은 질문을 받는다. "하나님은 무엇을 하고 계십니까? 오늘 하나님이 무엇을 하고 계시고, 내일은 우리가 무엇을 기대해도 되는지 보이거나 분별되는 것이 무언가 있습니까?" 많은 사람들은 "우리가 마지막 때에 있습니까? 예수님이 곧 다시 오실까요?"라는 질문을 돌려 묻고 있는 것이다. 이 질문은 2001년 9월 11일 이후 더욱 절박해졌다. 그런데 그에 대한 대답은 다음과 같다. "나는 그분이 언제 오실지 전혀 모릅니다. 그리고 그건 다른 사람들도 마찬가지예요. 그러니 그런 사람들을 믿지 마십시오."

분명한 것은 나는 선지자는 아니지만, 하나님이 무엇을 하시는지 안다는 것이다. 나에게 하나님께서 오늘 무엇을 하고 계시고, 내일 우리가 무엇을 기대할 수 있는지에 대한 약간의 영적 분별력이 있다고 생각한다. 비록 그것이 당신에게는 그리 흥미롭지 않을지라도 말이다. 나는 이것을 조금도 의심하지 않는다. 이것을 알아내기 위해 예언적이거나 신학적으로 뛰어나야 할 필요는 없다. 말씀을 읽고 눈을 뜨라.

그렇다면 하나님은 무엇을 하고 계시는가? 마이크 비클의 말을 다시 인용하자면, "하나님은 백성의 마음 가운데 첫째 계명을 회복시키는 일을 최우선순위로 하고 계신다." 예수님께서는 젊은 율법사가 제기한 질문에 분명하게 첫째 되는 가장 큰 계명을 말씀하셨다. 마태복음 22장 36-38절을 보라. 율법사가 "선생님, 율법의 큰 계명이 무엇입니까?"라고 묻자, 예수님은 그에게 이렇게 말씀하셨다. "네 마음을 다하고 목숨을 다하고 뜻을 다하여 주 너의 하나님을 사랑하라 하셨으니 이것이 크고 첫째 되는 계명이다."

매일 매 순간 전 세계에 각성이 일어나고 있으며, 그것은 모두 하나님이 하시는 일이다. 이것은 인간의 마음이 경험하도록 창조된 충만함에 눈을 뜨게 하는 일이다. 하나님에 대한 열정과 예수님을 향한 넘치는 사랑을 깨닫는 것이다. 나는 단순히 순종이나 섬김이나 경외감이나 전도나 선교에 대한 깨달음을 초월하는 것을 염두에 두고 있다. 이것은 훨씬 더 근본적이고 중요한 것에 대한 각성이며, 필연적으로 이것에서 기독교의 다른 모든 본질적인 활동이 흘러나온다.

앞에서 말했듯이, 하나님께서는 당신이 그분을 사랑하도록, 그분을 누리며 즐거워하도록, 그분께 마음을 빼앗기고 매료되도록, 예수님 안에 있는 그분의 계시에 흥분하고 짜릿한 기쁨을 누리도록 창조하셨다. 다시 말해서, 하나님은 가장 크고 첫째 되는 계명, 곧 당신이 그분을 사랑하는 자가 되게 하려고 당신을 창조하셨다. 바로 이것이 당신의 근본적인 정체성이며, 하나님의 뜻이다. 그분은 꺾이지 않는 확고한 의지로 자기 백성의 마음을 깨우고 감동시켜 얻으려 애쓰며 손짓하여 그분의 아들 주 예수 그리스도와 열정적이고 친밀한 사랑의 관계에 빠지게 하신다.

하나님은 완전한 로맨티스트이시다. 그분은 우리를 그분 자신에게로, 그분만이 제공하실 수 있는 친밀감의 기쁨으로 이끌기 원하신다. 모든 사람이 이것에 만족하는 것은 아니다. 그것을 두려워하거나 위협으로 느끼는 사람도 있다. 그들의 영혼 깊숙한 곳에 죽은 듯이 잠재해 있는 것을 건드리는 것이다. 연약함과 정직에 대한 요구는 그들의 삶을 덮고 있던 자기 보호적인 겉치레를 벗어 던지라고 도전한다.

브렌트 커티스와 존 엘드리지는 《거룩한 로맨스》(The Sacred Romance)에서 하나님이 내면에 두신 것의 실재를 인정하고 받아들이라고 우리에게 도전한다. 즐거움과 친밀감에 대한 우리의 욕망을 부정하거나 그 욕망으로 육신적인 것을 탐닉하지 말고, 하나님께서 우리를 어떻게 만드셨는지 찬양하고, 그분 앞에서 만족을 찾아야 한다. 그들은 다음과 같이 설명한다.

..

(그분은) 삶의 매 순간 우리를 부르신다. 바람으로 우리에게 속삭이시고, 좋은 친구들의 웃음으로 우리를 초대하시고, 우리가 사랑하는 사람들의 손길을 통해 우리에게 다가오신다. 우리는 가장 좋아하는 음악에서 그것을 들었고, 첫 아이를 낳을 때에 그것을 느꼈고, 바다 위 노을이 반짝이는 것을 보며 그것에 마음이 끌렸다. 그것은 자녀의 질병, 가정의 불화, 친구의 죽음과 같이 개인적으로 큰 고통을 겪을 때에도 나타난다. 이러한 경험을 통해 무언가가 우리를 부르고, 마음 깊은 곳에서 억누를 수 없는 갈망을 일깨우며, 친밀함과 아름다움, 모험에 대한 갈망이 우리 안에서 눈을 뜬다. 이러한 갈망은 모든 인간의 본성 가운데 가장 강렬한 것이다. 이것은 의미, 온전함, 진정으로 살아 있다는 감각에 대해 탐구하도록 촉진한다. 이 깊은 갈망을 어떻게 설명해야 할지 모르겠지만, 그것은 우리에게 가장 중요한 것으로, 마음 깊은 곳의 진심이며 우리 삶의 열정이다. 그리고 이 자리에서 우리를 부르시는 음성은 다름 아닌 하나님의 음성이다.[2)]

우리는 생각과 마음과 목숨과 힘을 다해 주님을 사랑하는 것이 얼마나 어려운 일인지 잘 알고 있다. 우리가 하나님을 향한 열정을 불태우려 할 때마다 차가운 물을 끼얹는 것 같다. 하나님의 마음에 점점 더 가까워지고 있다고 느낄 때마다 또 다른 장애물이 우리를 가로막고, 그 장애물은 우리로 하여금 하나님 앞에서 후퇴하거나 뒷걸음치거나 심지어는 도망가게 만든다.

자신 있게 그분께 달려가려면, 먼저 거부할 수 없는 그분의 아름다움의 빛에 매료되어야 한다. 하나님의 얼굴에 나타난 영광을 알리는 것은 오직 하나님의 주권적 인도하심에 달려 있다. 바로 이것이 그분이 하고 계신 일이다.

우리를 가까이하심

성경에서 나에게 가장 소중한 구절은 시편 16편 11절이다. 여기서 다윗은 하나님의 임재와 그것을 경험하는 사람들의 영혼에 흘러넘치는 비할 데 없는 기쁨과 능력에 대해 말한다. 이것을 알게 됨으로 우리는 하나님과의 친밀함을 뜨겁게 갈망하게 된다. 많은 사람들이 그러한 갈망을 통해 엄청나게 실질적인 유익을 발견한다는 사실에 놀라워한다.

나는 이것을 히브리서에서 처음 발견하였다. 히브리서 13장에서는 서로 사랑하기를 계속하며(1절), 후대하고(2절), 억눌린 자와 궁핍한 자를 불쌍히 여기며(3절), 결혼생활에서 성적 순결을 추구하고 (4절), (아마도 가장 어려운) 돈을 사랑하지 말고, 있는 바에 만족하라고 권면한다(5절). 참으로 만만치 않은 일이다!

어떻게 하나님께서 우리처럼 자기중심적인 사람들에게 그러한 행동을 기대하실 수 있을까? 그 답은 하나님께서 친히 우리 각자에게 하신 약속에서 찾을 수 있다. "내가 결코 너희를 버리지 아니하고 너희를 떠나지 아니하리라"(5절). 그러므로 우리는 "주는 나를 돕는 분이시니 내가 무서워 아니하겠노라 사람이 내게 어찌하리요"(6절)라고 말할 수 있다.

나의 두 딸은 다 컸고 좋은 교육도 받았지만, 어릴 때는 이중 부정문을 사용하지 않으려고 부단히 노력해야 했다. 딸들이 가장 좋아하는 표현 중 하나는 "절대로 다시는 그곳에 가지 않을 게 아니에요"였다. 그럴 때마다 나는 부드럽게 수정해 주었다. "애야, 틀렸다. 그런 이중 부정은 사용하지 않아. '다시는 거기에 가지 않을 거야'라고 해야지." "어쨌든, 절대로 그걸 하지 않을 거예요." "아니다, 애야. 절대 아니라고 하지 마라."

나는 당신이 요점을 이해할 것이라고 믿는다. 내가 이것을 언급하는 이유는, 헬라어 본문에 의도적인 이중 부정이 있기 때문이다. 이것은 강한 강조를 표현하는 것이며, 문자 그대로 "내가 너를 떠나지 아니하겠고 너를 버리지 아니하리라", 또는 "나는 결코, 절대로 너를 떠나지 아니하겠고 결코, 절대로 너를 버리지 아니하리라"로 번역된다.

이것은 바울이 로마서 8장 1절에서 "그러므로 이제 그리스도 예수 안에 있는 자에게는 결코 정죄함이 없나니"라고 선언한 것과 관련이 있다. '정죄'라는 말과 그것에 수반되는 모든 것(희망의 상실, 미래에 대한 두려움, 현재의 불확실성, 산산이 부서진 꿈, 고통스러운 이별 등)을 생각하면, 바울의 말이 갑자기 기쁨과 충만함과 감사가 터져 나올 것처럼 느껴지게 하는 능력과 힘으로 우리 마음속에서 메아리치며 울려 퍼지기 시작한다.

이 두 본문(롬 8:1, 히 13:5-6)을 하나로 연결하면, 당신이 그리스도 예수 안에 있는 한, 하나님과의 관계나 당신의 영원한 부르심에 대해 다시는 두려워하거나 염려할 이유가 없음을 깨닫게 된다. 그렇다고 그러한 두려움을 경험하지 않을 거라는 말은 아니다. 다만 당신에게는 그래야 할 정당한 이유가 없다는 말이다.

그리스도인은 마치 잠시 용서받았다가 다시 정죄받고 다시 한번 용서받는, 끝없이 하나님의 구속하시는 은혜와 보응하시는 진노 사이를 오가는 존재가 아니다. 바울이 이보다 더 분명하게 말할 수 없었을 것이다. 그리스도인의 정의는 '지금도, 그리고 앞으로도 정죄받지 않을 사람'이다. 정죄는 없다! 신자는 정죄감을 느낄 수 있다. 그런 부분에 대해서는, 믿지 않는 사람도 (비록 그렇지 않더라도) 용서받았다고 느낄 수는 있다! 그러나 이것은 주관적인 감정이나 느낌의 문제가 아니다. 이것은 현재 그리고 앞으로 영원토록 그리스도 안에서 변함없는 우리의 위치다.

이것이 의미하는 바를 실질적으로 말한다면, 결코 다시는 다른 사람들이 우리에게 어떻게 할지에 대해 두려워할 이유가 없다는 것이다. 우리는 결코 다시는 하나님이 우리에게 원하시는 일을 하려고 노력할 필요가 없다. 왜 그런가? 전능한 조력자이신 하나님이 항상 우리와 함께하시기 때문이다.

생각해 보라. 하나님은 참으로 그리고 진심으로 영원하시고, 언제나 바로 여기 당신과 함께 계시기 때문에 다른 사람이 당신의 삶을 통제하거나 다루거나 결정할 수 없다. 어떤 사람들은 히브리서 13장 6절의 "사람이 내게 어찌하리요?"라는 말을 듣고 "맙소사, 지금 농담해요?"라고 말한다. 그리고 "그들은 나에게 많은 것을 할 수 있어요! 그들은 나를 때리고, 약탈하고, 중상하고, 고소하고, 심지어 죽일 수도 있다고요!"라고 말한다.

하지만 히브리서 기자는 그렇다는 것을 알고 있다. 그는 히브리서 10장 32-34절과 11장 35-38절에서 분명히 그렇게 말했다. 히브리서 13장 3절을 보라! 히브리서 기자는 바보가 아니다. 그는 사람들이 우리에게 실제로 나쁜 짓을 많이 할 수 있다는 것을 알고 있다. 그렇다면 6절에서 그가 말하려고 한 것은 무엇인가? "내가 결코 너희를 버리지 아니하고 너희를 떠나지 아니하리라"(6절)는 약속이 그로 하여금 아무도 자기를 해할 수 없다고 선언할 정도로 확신을 갖게 하는 이유는 무엇인가? 이에 대해서는 적어도 세 가지 답이 있다.

첫째, 아무도 당신을 하나님의 사랑에서 끊을 수 없기 때문이다(롬 8:35-37). 상상할 수 있는 최악의 육체적 고통이나 감정적 고통 또는 재정적 재난에도 불구하고, 당신과 나는 하나님의 팔 안에서 영원히 안전하다. 둘째, 하나님은 사람이 우리에게 하는 모든 것, 심지어 악한 일까지도 합력하여 선을 이루게 하실 수 있기 때문이다(롬 8:28). 모든 것이 선하다는 말이 아니라 하나님께서 악을 영광의 교향곡으로 조정하실 수 있다는 말이다. 셋째, 하나님은 우리가 "더 낫고 영구한 소유"(히 10:34)를 가지고 있음을 상기시켜 주심으로 그들이 무엇을 하든 영원한 기쁨으로 반응할 수 있게 하시기 때문이다.

비록 5-6절의 약속이 돈을 사랑하지 말라는 권면 직후에 이어지지만, 나는 이것이 우리가 다섯 가지 권면을 모두 수행하는 방법을 이해하도록 의도한 것이라고 믿는다! 하나님이 항상 우리의 조력자로 함께하시기 때문에 우리는 서로 사랑할 수 있다. 하나님이 우리를 돕는 분으로 항상 함께하시기 때문에 낯선 사람을 후대할 수 있다. 하나님이 항상 우리의 조력자로 함께하시기 때문에 우리는 억압받고 궁핍한 사람들을 도울 수 있는 에너지와 자원을 찾을 수 있다. 하나님이 우리를 돕기 위해 항상 함께하시기 때문에 성적으로 순결하게 살 수 있다. 또 하나님께서 항상 우리를 돕기 위해 함께하시기에 우리의 삶을 지배하는 돈의 권세를 깨뜨릴 수 있다.

아마도 가장 어려운 것은 돈을 사랑하지 말라는 권고일 것이다. 우리는 돈이 우리에게 해줄 수 있는 것에 쉽게 마음을 뺏긴다. 그러나 이 약속이 사실이라면, 돈을 사랑하지 않는 길은 "내가 결코 너희를 버리지 아니하고 너희를 떠나지 아니하리라"고 말씀하신 하나님의 약속을 알고, 믿고, 그것에 만족하는 것이다. 그러면 돈을 나의 안전과 정체성과 쾌락의 근원으로 여기며 갈망할 필요가 없다. 결코 떠나지 않겠다고 약속하시는 하나님과 친밀함을 누리는 가운데 그 모든 것을 더 많이 얻을 수 있다!

돈과 돈이 우리를 위해 해줄 수 있는 것에 대한 속박은 하나님이 훨씬 더 많은 일을 하실 수 있다는 믿음을 통해서만 깨진다. 돈은 우리에게 약속한다. 그리고 하나님도 우리에게 약속하신다. 그렇다면 당신은 누구를 믿겠는가?

다른 색의 아름다움

존 파이퍼는 "죄는 쾌락을 선택하는 것이 아니라 상실하는 것이다"라고 하였다. 다시 말하지만, 죄를 짓는 것은 쾌락을 선택하는 것이 아니라 잃어버리는 것이다. 이것은 우리 자신을 부인하는 것이 죄 자체보다 더 큰 기쁨을 줄 경우에만 참이 될 수 있다. 악의 없는 것이든 불미스러운 것이든, 모든 죄에는 하나님은 하실 수 없는 것을 자신(죄)은 할 수 있다고 거짓말하는 능력이 있다. 안타깝게도 이것은 가끔 사실처럼 들린다.

눈에 보이는 가능성은 하나님의 은총이 아니다. 간음은 성적 순결보다 훨씬 더 즐거워 보이고, 방탕한 삶이 가난한 사람들을 먹이는 것보다 더 낫게 느껴진다. 교만이 겸손보다 고통이 적은 것 같고, 술에 취하는 것이 성령으로 충만한 것보다 더 신나는 것 같다(엡 5:18). 우리가 이런 식으로 생각하거나 그 거짓말을 믿는다는 것은 하나님에 대한 우리의 이해가 심각하게 잘못되어 있음을 보여 준다. 우리가 경험하는 그분의 아름다움 가운데 심각하게 왜곡된 것이 있는데, 그것을 해결하지 않으면 우리가 그분께 순종하고, 그분을 사랑하고 누리는 데 좋지 않을 수 있다. 조나단 에드워즈는 다음과 같이 말했다.

． ．

그리스도인은 하나님의 영광과 위대하심을 보고 매우 큰 기쁨을 누린다. 육신의 눈을 즐겁게 하는 기교와 계략이 얼마나 많은가! 사람들은 큰 도시, 근사한 건물, 장엄한 궁전을 바라보는 것을 즐긴다. 그리고 아름다운 얼굴을 볼 때, 얼마나 큰 기쁨을 얻는가? 그렇다면 세상에서 가장 아름답고, 가장 영광스럽고, 가장 경이로운 존재를 보면서 마음의 눈을 즐겁게 하는 큰 기쁨도 있을 수 있다는 결론을 내릴 수 있지 않을까?3)

그렇다. 탁월하신 분을 보거나 이해할 때, 이와 같은 참된 행복과 죄를 제거하는 영적 기쁨을 누리게 된다.

하나님의 아름다움은 정교하고 아름다운 다이아몬드처럼 다양한 면이 있다. 사람들이 실패하는 이유는 그 보석을 오직 한 가지 각도로만 바라보아 그것의 진정한 가치를 보는 즐거움을 스스로 박탈하기 때문이다. 우리가 하나님을 연구할 때도 다르지 않다.

어떤 사람을 '일차원적'이라고 말하는 것을 칭찬으로 여기는 사람은 없을 것이다! 그것은 그 사람이 지루하고, 무뚝뚝하며, 매력적이지 않다는 말을 듣기 좋게 표현한 것이다. 어떤 사람들은 정말 너무나도 쉽게 이해된다. 그들이 명확하기 때문이 아니라, 깊이가 없기 때문이다. 겉으로 보이는 것이 전부인 것이다. 그들에게는 거의 비밀이 없다. 그들의 성격은 따분하고, 상당 부분 예측 가능하다. 당신은 그들이 어떤 생각을 하며, 어떻게 느끼고, 상황과 관계없이 무엇을 할지 항상 안다. 그들은 안정적인 정도가 아니라 정적이다. 둔하고 변화가 없다.

하나님은 항상 그분의 본성과 완벽히 일치하게 생각하고 행동하시지만, 하나님의 성품은 깊고 풍부하고 다양하며, 궁극적으로 무궁무진하다. 하나님을 이해하게 되면, 그분이 당신을 놀라게 하실 것이다(그러나 항상 좋은 방식으로 하신다).

지금까지 나는 거의 대부분 하나님의 사랑과 영광과 광채와 아름다움의 계시 안에서 하나님을 누린다고 말했다. 그러나 하나님은 긍휼하신 만큼 공의로우시며, 자비하신 만큼 진노하신다. 이러한 성품들은 다른 성품들 만큼이나 우리에게 경외심과 숨 막히는 놀라움을 일으켜야 한다.

예를 들어, 선지자 하박국이 경험한 것을 생각해 보라.

> 내가 들었으므로 내 창자가 흔들렸고 그 목소리로 말미암아 내 입술이 떨렸도다 무리가 우리를 치러 올라오는 환난 날을 내가 기다리므로 썩이는 것이 내 뼈에 들어왔으며 내 몸은 내 처소에서 떨리는도다 비록 무화과 나무가 무성하지 못하며 포도나무에 열매가 없으며 감람나무에 소출이 없으며 우리에 양이 없으며 외양간에 소가 없을지라도 나는 여호와로 말미암아 즐거워하며 나의 구원의 하나님으로 말미암아 기뻐하리로다 주 여호와는 나의 힘이시라 나의 발을 사슴과 같게 하사 나를 나의 높은 곳으로 다니게 하시리로

다 (합 3:16-19)

하박국을 둘러싼 상황은 아무리 좋게 말해도 심상치 않았다. 하박국은 남유다 왕국에 예언했다. 그가 태어나기 약 1세기 전인 BC 722년에 북이스라엘이 앗수르에 의해 멸망했다. 그런데 유다의 상황도 그리 좋지 않았다. 열왕기하 21장 1-18절에는 므낫세의 통치 기간(BC 696-641)에 유다에 들어온 가증한 자들에 대해 생생하게 묘사되어 있다.

그 후에도 상황은 크게 개선되지 않았다. 하박국의 끈질긴 기도는 하나님께 심판해 달라는 것이었다! 그는 반역을 행하고 우상을 숭배하는 백성을 다뤄 달라고 주님께 간구했다. 마침내 하나님께서 그의 기도에 응답하셨지만, 그가 바라던 대로 되지는 않았다. "여호와께서 이르시되 내가 내 백성을 벌하리라 내가 그들을 치게 하여 갈대아인들을 치리라 그러면 내가 그들의 죄악을 인하여 갈대아인을 심판하리라."

하박국은 무너졌다! "그러나 주님, 저는 당신의 백성들이 악하다는 것에 동의합니다. 예, 그들에게는 가혹한 징벌이 필요합니다. 그런데 갈대아 사람들은요? 그들은 우리보다 더 사악합니다!" 하박국은 자신이 받은 기도 응답에 당혹스러웠지만, 하나님은 더욱 사악한 백성, 즉 두려운 바벨론 사람들을 통해 악한 백성을 벌하기로 작정하셨다. 3장 16-19절은 동쪽으로부터 임박한 침략에 대한 하박국의 반응을 기록한 것이다.

하박국이 16절에 묘사한 것이 지나치게 극적이거나 비유적이라고 그냥 넘겨서는 안 된다. 이것은 문자 그대로 몸에 경련이 일어나는 경험을 묘사한 것으로 받아들이지 않을 이유가 없다. 자신이 본 환상의 실상이 그의 영혼 깊숙이 스며들자, 그의 몸은 어쩔 수 없이 그 존재를 느꼈다. 그의 창자가 흔들렸다. 하나님과 대화하면서 그의 입술은 이해할 수 없을 정도로 떨리기 시작했다. 그의 모든 뼈가 힘을 잃고, 그의 무릎이 하나님의 위엄의 무게에 꺾였다.

이 모든 것은 그가 무언가 들었기 때문이었다. 그는 무엇을 들은 것일까? 쉽게 말해, 유다의 죄를 어떻게 하실 것인지 묻는 하박국의 질문에 대한 하나님의 대답이었다. 하박국의 뼛속 깊은 곳을 뒤흔든 것은 피할 수 없는 하나님의 심판의 실재, 죄에 대한 하나님의 진노의 계시였다. 하박국은 하고자 하시는 대로 행하시는 하나님의 위엄과 탁월함에 경외감을 느꼈다. 아마도 하박국은 임박한 심판에 대한 환상을 보았거나 계시적인 경험을 한 것 같다(3:3-6, 10-12 참조). 효과는 굉장했다.

"내 속이 떨렸다"(NASB)는 표현은 하복부를 가리키는 말이지만, 여기서는 인간 영혼의 가장 깊은 생각, 감정, 의도, 정욕을 비유적으로 표현한 것이다(잠 20:27 참조). '떨리다'는 말은 출애굽기 15장 14

절과 신명기 2장 25절, 욥기 37장 1-2절에서도 사용되었는데, '경련을 일으키다', '사람의 깊은 곳까지 흔들리다'라는 뜻이다(시 29:3-5, 7-9; 96:7-9; 114:7 참조).

그것으로 충분하지 않다는 듯 선지자는 "내 입술이 떨렸도다"고 말했다. 그는 말을 하려고 애썼다. 입술이 떨린 것은 추위 때문이 아니라 하나님의 목적이 계시된 것에 대한 두려움과 놀라움 때문이었다!

그는 자신이 느낀 것을 "썩이는 것이 내 뼈에 들어왔다"고 말하는 것 밖에는 달리 표현할 방법이 없었다. 갑자기 자신의 골수가 쇠약해져서 산산조각 나는 느낌이 든 것이다. 그리고 마지막으로, "내 몸은 내 처소에서 떨린다"는 말을 직역하면 "내 밑에서 떨리는 발걸음을 경험했다"이다. 한때 거만하고 강했던 이 예언자는 몸을 가누기 위해 비틀거리며 몸부림쳤다. 이것은 다니엘 10장 9-10절과 요한계시록 1장 17절, 누가복음 24장 32절과 다르지 않은 경험이다.

그러나 그의 두려움은 사라지지 않았다. 하나님이 일으키신 전쟁의 참화에도 불구하고(17절), 하나님에 대한 그의 확신과 기쁨은 흔들리지 않았다(18-19절). 이와 관련하여 D. A. 카슨은 이렇게 말했다. "이것은 확고한 결심일 수 있지만, 냉혹한 결심은 아니다. 이것은 자신의 기쁨이 처음에 어디에 있어야 했는지 보기 위해 눈을 뜬

사람의 결심이다."⁴⁾

하박국은 암사슴의 발처럼 빠르게 높은 산에 올라갈 것이라고 말한다(시 18:33 참조). 이에 대해 로버트슨은 다음과 같이 말한다.

> 굳건하고, 지치지 않으며, 에너지가 넘치는 주님의 백성은 수많은 좌절에도 불구하고 승리의 정상에 오를 것을 기대할 수 있다. 땅의 높은 곳, 정복하여 차지한 장소는 하나님의 백성의 궁극적인 소유가 될 것이다. 선지자는 이 노래로 여러 시대 가운데 기념이 될 하나님의 백성의 대변인으로서 승리하는 믿음의 아름다움을 보여 준다. 가장 끔찍한 방해와 좌절도 궁극적인 승리에 대한 확신을 꺾을 수 없다.⁵⁾

이와 같은 힘은 어디에서 찾을 수 있는가? 당신과 나는 어떻게 하박국이나 그와 같은 다른 많은 사람들처럼 죄를 이기고, 믿음의 수준을 높이며, 인내하는 힘을 사용할 수 있을까? 특별한 비법이나 손쉬운 방법이나 성경에 나오지 않은 마법의 5단계 공식 같은 것은 없다. 하나님께서 성육신하신 아들 예수 그리스도를 통해 자신을 알게 하신 것처럼, 찬란하고 눈부신 우리 하나님의 아름다움을 바라보면 그렇게 된다.

오 영광의 아버지 하나님, 우리의 구주이신 당신의 아들을 아는 지식, 곧 죄를 제거하는 지식을 알게 하는 지혜와 계시의 영을 우리에게 주소서. 아버지의 말씀을 깊이 파고들 때, 우리 마음의 눈을 밝혀 그분의 찬란한 영광 속에서 그분을 볼 수 있게 하소서. 우리를 긍휼히 여기사 영적인 잠에서 깨워 주시고, 아버지께서 우리를 부르신 소망을 아는 지식으로 힘을 얻게 하소서. 오 아버지, 세상은 우리 영혼이 아버지의 크신 은혜에 무감각하게 만들었습니다. 아버지의 영원한 유업이 되는 것이 우리의 특권임을 깨닫게 하시고, 하나님의 아들의 아름다움으로 우리의 기쁨이 충만하게 넘치도록 만족시켜 주소서. 아멘.

chapter 9

영원히 증가하는 기쁨

One Thing

이 세상의 허무함을 느끼기 위해 노력하십시오.

천국에 더 익숙해지기 위해 노력하십시오.

– 조나단 에드워즈

우리가 지금 아무리 하나님의 아름다움을 향유하고 즐거워한다 해도, 천국에서 영원히 누리게 될 잔치를 어렴풋이 맛보는 것에 불과하다. 신학자들과 신비주의자들은 이렇게 하나님의 영광을 완전하게 체험하는 것을 지복직관(至福直觀)이라고 하는데, 이것은 하나님의 아름다움을 전례 없이 직접 보고 이해하는 것을 의미한다(마 5:8; 계 22:4 참조).

모든 사람이 미래에 초점을 맞추는 것이 유익하다고 생각하지는 않는다. 그들은 그런 사람들은 "너무 경건해서 전혀 도움이 되지 않는다"는 옛말을 믿고 있다. 그런데 나는 우리가 다음 세상에 대한 건전한 집착을 키울 때까지는 이 땅에서 별로 쓸모가 없을 것이라고 확신한다. 이 땅 가운데 우리가 바라는 영혼의 만족과 기쁨은 오직 보이지 않는 것을 열심히 바라볼 때 얻게 된다(고후 4:16–

18; 골 3:1-4 참조). 그러므로 우리는 영혼 가운데 장차 보게 될 아름다움에 대한 갈망을 키우고 강화하는 방법을 강구해야 한다.

성경의 일관된 증언은 신학적 고찰을 위해서가 아니라 지금 여기에서의 삶을 위해 준비되도록 천국과 그 아름다움을 깊이 생각해야 한다는 것이다. 우리가 고대하는 천국에는 삶을 깊이 변화시키는 무언가가 있다. 그리고 그 이유는 어렵지 않게 파악할 수 있다. 천국의 본질은 하나님을 뵙고, 그분 안에서 영원토록 기쁨을 누리는 것이다. 천국은 다음과 같은 말로 요약될 수 있다. "그의 얼굴을 볼 터이요!"(계 22:4)

왜 천국에 대해 생각하는가?

하나님의 영광을 온전히 체험하는 것에 대해 자세히 살펴보기 전에, 영혼이 그것을 열망할 때에 나타나는 직접적이고 실제적인 영향은 무엇인지 생각해 보자.

1) 천국의 아름다움에 대해 생각하며 집중하면, 이 땅의 부와 안락함을 지나치게 의존하던 것에서 벗어난다. 측량할 수 없는 영광이라는 영원한 기업이 우리를 기다리고 있다면, 더할 나위 없이

완벽하게 영원히 누리게 될 것을 썩어질 형태로 아주 잠깐 동안 손에 넣기 위해 그토록 많은 시간과 돈을 들여 노력과 에너지를 쏟는 것이 무의미해질 것이다.

빌립보서 3장 20-21절의 문맥을 자세히 살펴보자. 바울은 "우리의 시민권)은 하늘에 있다"(20절)고 말한다. 이것은 영혼이 '땅의 일'(빌 3:19)에서 벗어나 '굳건히 설 때'(빌 4:1) 알 수 있다. 바울은 결코 이 땅에서의 의무가 있다는 사실을 부인하거나 가볍게 여기지 않는다. 그는 빌립보 사람들에게 그들이 빌립보에 거주하고 있음을 상기시킨다. 그들의 이름은 로마 시민으로 등록되어 있었고, 그들에게는 투표권이 있었다. 그들은 이 땅의 왕에게 세금을 내야 했다. 그들은 이 세상에 있는 국가의 법으로 보호를 받았다.

그러나 그들의 근본적인 정체성과 영혼의 본향, 그리고 관심의 초점은 하늘에 있었다! 바울은 빌립보가 아니라 그들의 본향인 새 예루살렘에 대한 자부심에 호소한다! 우리는 그 나라의 규칙과 원칙과 가치의 통치를 받는다. 바울은 신중하게 우리의 시민권이 하늘에 '있을 것이다'라고 하지 않고 '있다'(현재 시제)고 단언한다. 우리는 이미 새로운 나라의 시민으로, 여기 지구에 거류하는 이방인과 같은 존재다.

베드로는 거듭남(벧전 1:3-4)의 궁극적인 목적이 하늘의 소망, 곧 썩지 아니할 유업을 누리는 것이라고 주장한다. 이 하늘의 유업은 더

러움이 없고, 순결하며, 순수하고, 죄나 악에 물들지 않는다. 무엇보다 그것은 변질되지 않는다. 끝이 없을 뿐만 아니라 마음을 사로잡고 황홀하게 하며, 기쁨을 주는 능력이 결코 줄어들지도 않는다. 그것은 우리를 위해 하늘에 예비되어 있으며, 아무도 침입하거나 훼손할 수 없게 엄중히 지키고 보호받고 있다. 이 소망 때문에 당신은 시련과 고난 속에서도 기뻐하며(6절) 견딜 수 있다.

그는 13절에서 "예수 그리스도께서 나타나실 때에 너희에게 가져다 주실 은혜를 온전히 바랄지어다"라고 권고한다. 이것은 명령이다. 시선을 완전히 고정하라! 그리스도께서 재림하실 때 받게 될 은혜에 당신의 영혼을 고정시키라. 산만함을 용납하지 말라. 주의를 딴 데로 돌리지 말라. 마음이 흔들리게 두지 말라. 다가올 은혜에 집중하고, 그것을 생각하는 데 정신적·영적·감정적 에너지를 모두 쏟아부으라. 그것은 어떤 은혜인가? 3-6절에 묘사된 천국의 유업의 은혜이다!

아브라함은 '터가 있는 성'을 고대하면서 이방 땅에서 인내할 수 있었다(히 11:16). 모든 족장들은 '(하늘의) 본향을 찾는 자'(히 11:14)로 묘사된다. 그들은 시련에 직면하여 '더 나은 본향, 곧 하늘에 있는 본향'(히 11:16)을 열망하며 이겨 냈다. 지금, 우리가 이 땅 가운데 보고, 맛보고, 느끼는 즐거움은 하나님의 본질에 비하면 덧없는 그림자에 불과하다. 세상의 기쁨이 빛의 파편이라면, 하나님은 태양이시다. 지상의 상쾌함이 기껏해야 간헐적으로 터지는 샘물을 조금씩 마시는 것이라면, 하나님은 큰 바다이시다!

2) 천국에 초점을 맞추고 묵상하면, 이 땅의 불의에 적절하게 대응할 수 있게 된다. 천국의 기쁨은 본질적으로 의가 회복되고, 악이 심판받는 것을 목도해야 한다. 지금은 무의미해 보여도, 언젠가는 천국의 새로운 관점으로 되돌아보고 재평가하게 될 것이라는 기대만이 이 세상의 모든 추악함과 타락을 견딜 수 있는 힘이 된다.

당신은 천국의 영광에 시선을 고정시키고 묵상할 뿐만 아니라 신문을 올바르게 읽기 위해 항상 애쓸 것이다! 계속해서 상황을 근시안적으로 보려고만 한다면, 끊임없이 좌절하고 혼란스럽고 화가 날 것이다.

이 원리는 특히 요한계시록 19장 1-8절에 나타나는데, 여기서 우리는 하나님의 천국 보좌를 둘러싼 사람들의 관점을 엿볼 수 있다. 그들은 요한계시록 18장에서 바벨론이 심판받는 것에 하나님을 찬양한다. 하나님께서 큰 음녀를 심판하셨기 때문에(계 19:2) 그분을 찬양하고, 모든 권세와 영광을 그분께 돌려 드려야 한다. (불신자들이 자주 말하는 바와 같이) 하나님께서 진노를 쏟아붓고 원수를 멸망시키시는 것이 그분의 성품에 먹구름을 드리우거나 그분의 사랑과 친절을 의심하게 만들기는커녕, 그것이 예배의 이유가 된다! 세상의 제도와 그것을 따르는 자들에 대한 하나님의 심판은 참되고 의로우시다(15:3-4, 16:5-7 참조). 그 음녀가 자신의 음행으로 땅을 타락시켰으므로 하나님의 보응을 받아야 하기 때문이다(17:1-5; 18:3, 7-9 참조).

마치 한 번으로는 부족했다는 듯이 '할렐루야!'가 한 번 더 울려 퍼진다(3-4절). 그리고 이에 이십사 장로와 네 생물이 화답한다(공식적으로 인준과 승인을 표현하는 '아멘'에 주목하라).

다시 '허다한 무리'가 외쳐 찬양한다(6절). 1절에서 경배하기 시작한 무리가 누구든지, 이들은 그들과 같은 무리다. 오직 여기에만 그들이 큰 음성을 내는데('많은 물의 소리'와 '거대한 우레소리' 같다), 그들의 찬양은 하나님이 찬양받기에 합당하신 이유(2절과 18장에 언급되어 있다)를 깊이 생각하면서 점점 더 커진다.

3) 천국에 초점을 맞추고 묵상하면, 삶 가운데 인내와 끈기의 열매를 맺게 된다. 미래의 만족을 묵상하면, 현재의 고통을 견딜 수 있는 힘을 얻게 된다. 이것은 마태복음 5장 11-12절과 로마서 8장 17-18, 23, 25절, 히브리서 13장 13-14절, 베드로전서 1장 3-8절의 분명한 메시지이다.

로마서 8장 18절에서 바울은 "현재의 고난은 장차 우리에게 나타날 영광과 비교할 수 없다"고 선언한다. 우리는 낙심하지 않는다. 우리가 미래의 보이지 않는 것들을 묵상하며, 이 땅에서 참고 견디는 모든 것이 무엇과도 비교할 수 없는 영광을 낳고 있다는 진리로 우리의 영혼을 강건하게 세우기 때문이다! 그리스도인들은 고통이나 슬픔을 마치 즐거움이나 기쁨인 것처럼 여기지 말고, 세상의 모든 역경을 하늘의 영광과 비교하여 견딜 수 있는 힘을 얻으라는 요청을 받는다. 히브리서 13장 13-14절에서는 '장차 올 성', 즉 하늘의 새 예루살렘에 대한 소망 때문에 그리스도의 치욕을 기꺼이 짊어지라고 권고한다.

이 원칙을 고린도후서 4장 16-18절보다 더 잘 표현한 곳은 없다. 하늘의 장엄한 영광을 바라보면, 우리의 가치체계가 변화된다. '영원한 것'에 비추어 보면, 지금 우리가 직면한 것은 '일시적인 것'에 불과하다. 고통은 영원의 관점이 없을 때에만 길게 느껴진다. 이 땅의 '고난'은 아직 오지 않은 '영광'의 '무게'에 비하면 가볍게 여겨진다. 그것은 우리가 장차 누리게 될 천국을 망각할 때에만 견디기 힘들어진다. 고난 가운데 승리하는 비결은 (이상하게 들리겠지만) 장기적 관점으로 보는 것이다. 오직 영원한 천국의 기쁨을 한없이 누리게 될 그날을 바라볼 때, 이 땅의 고난을 견딜 수 있게 된다.

유의해야 할 또 하나의 대조가 있다. 18절에서 바울은 '일시적인 것들'을 '보이는 것'으로, '영원한 것'을 '보이지 않는 것'으로 표현하였다. 특히 18절과 16절 사이의 연관성에 주목하라. 우리의 '내적 본성'은 장차 임할 보이지 않는 영원한 것들을 바라볼 때에 새로워진다. 보지 않으면 변하지 않는다!

새로워지는 과정은 아직 보이지 않는 것을 바라볼 때에만 일어난다. 장차 올 영광스러운 소망에 마음을 쏟으면, 우리의 겉사람은 후패하더라도 우리의 속사람은 하나님께서 점진적으로 새롭게 하신다! 우리의 내면은 저절로 새로워지지 않는다. 우리가 "보이는 것이 아니라 보이지 않는 것을 바라볼"(18절) 때에만 변화가 일어난다.

바울은 여기에서 인간의 마음을 두고 벌어지는 전쟁을 자신의 말로 표현하고 있다. 우리는 어디에 시선을 둘 것인가?(골 3:1-4 참조) 무엇에 충성을 다할 것인가? 무엇을 묵상하고, 깊이 생각하고, 집중할 것인가? TV 시청 습관에 관한 최근 통계를 보면, 역사상 이것이 이 정도로 중요한 문제가 된 적이 없었다. 오늘날 일반적인 미국의 십대는 고등학교를 졸업하기 전에 18,000건의 살인 사건과 35,000건의 광고를 접한다! 그들이 65세가 될 때쯤이면 TV를 보는 데만 10년을 사용할 것이라고 한다!

4) 천국에 초점을 맞추고 묵상하는 것만큼 마음을 정화시키는 것은 없다. 보이지 않는 천국의 영광을 묵상하면, 육신의 욕망을 거절할 수 있는 힘을 얻게 된다. 골로새서 3장 1-4절, 요한일서 3장 2-3절, 베드로후서 3장 11-13절은 이것을 분명하게 증거한다.

5) 마지막으로 천국의 영광에 집중함으로 참된 종교의 본질을 배우게 된다. 에드워즈는 무엇이든 그 본질에 대해 배우려면, 그것

이 가장 고상하고 순수하게 표현되는 곳을 자세히 살펴보라고 말했다. 그러므로 참된 종교인지 알아보려면, 천국을 어떻게 표현하고 있는지 살펴보아야 한다. 그러면 우리가 믿는 것이 무엇보다도 거룩한 사랑으로 이루어져 있음을 깨닫게 된다.

. .

만약 우리가 성경에서 천국의 상태에 대해 무엇이든 배울 수 있다면, 성도들이 그곳에서 누리는 사랑과 기쁨이 지극히 크고 강렬하다는 것이다. 가장 강력하고 생생하게 그 마음을 표현한다면, 형언할 수 없이 감미로운, 너무나도 감동적인, 생기를 불어넣는, 그들을 사로잡는, 불꽃처럼 타오르게 하는 등이다. 이와 같은 사랑과 기쁨이 애정이 아니라면, '애정'은 의미 없는 말이 된다. 천국에 있는 성도들이 아버지의 얼굴과 그들을 구속하신 분의 영광을 바라보며 그분이 하신 놀라운 일들, 특히 그들을 위해 자신의 목숨을 버리신 것을 묵상할 때, 그들이 보거나 생각하는 모든 일에 아무런 감동도, 영향도 받지 않는다고 말할 사람이 얼마나 될까?[2)]

거부할 수 없는 천국의 매력

이제 우리가 갈망하는 천국과 하나님의 영광을 직접 체험하는 것에 대해 집중할 준비가 되었다. 이것은 거부할 수 없는 천국의 매력은 무엇이고, 그것이 현재에 어떤 영향을 미치는지에 대한 것이다.

천국의 특징은 기쁨이 커진다는 것이다. 천국은 단순히 기쁨이 있고, 그것을 경험하는 곳이 아니라, 끊임없이 커지는 곳이다. 아름다움을 누리는 천국의 행복은 점진적으로 증가하며, 끝없이 확장된다.

천국의 행복은 잔물결만이 고요함을 깨뜨리는 산속 호수의 차분하고 잔잔한 상태 같은 것이 아니다. 오히려 천국은 범람하는 미시시피 강에 밀려드는 물결과 비슷해서 날이 갈수록 수위가 높아진다. 그리고 계시와 통찰과 발견의 비가 영원무궁토록 내리기에, 사랑과 기쁨과 행복의 수위도 점점 더 높아진다. 그것은 결코 조금이라도 낮아지거나 줄어들지 않는다.

2002년 여름, 샌안토니오 바로 북쪽에 있는 텍사스 중부 지역은 엄청난 규모의 홍수로 큰 피해를 입었다. 어느 날 밤 뉴스 앵커가 홍수로 불어났던 물이 마침내 줄어들었다고 보도했을 때, 귀가 번쩍 뜨였다. 사람들은 이제 자기 집으로 돌아갈 수 있게 되었다. 이것은 분명 그들에게는 좋은 소식이었지만, 천국에서는 이런 소식을 결코 듣지 못할 것이다. 적어도 하나님의 '기쁨'(시 36:8)의 '강'에 관한 한은 그렇다.

장차 임할 거룩한 지식의 물은 황폐함이 아니라 기쁨을 가져올 것이다. 천국의 계시의 강에는 결코 이와 같은 한계가 없을 것이다! 우리가 누리는 즐거움의 물에는 그러한 제한이 없을 것이다. 천국의 사전에는 '감소'라는 말이 없다.

바울이 에베소서 2장 6-7절에서 한 말을 살펴보자. "또 함께 일으키사 그리스도 예수 안에서 함께 하늘에 앉히시니 이는 그리스도 예수 안에서 우리에게 자비하심으로써 그 은혜의 지극히 풍성함을 오는 여러 세대에 나타내려 하심이라." 우리는 이 본문을 주의 깊게 살펴볼 필요가 있다.

우리를 그리스도 안에서 살리시고, 영적인 죽음의 속박과 정죄에서 해방시키신 것은 하나님의 두 번째 목적에 불과했다. 하나님이 잃어버린 영혼들을 구원하시는 이유는, 그들이 영원토록 모든 사람에게 그리스도의 선하심에 나타난 지극히 풍성한 하나님의 은혜와 탁월함을 보여 주는 트로피가 되게 하시려는 것이었다!

바울은 단어를 신중하게 선택하였다. 그는 구속받은 죄인들이 현재와 이후의 세상에서 하나님의 자비를 끊임없이 증거할 것이라는 놀라운 현실을 강조하기 위해 '여러 세대'(ages)라는 표현을 사용한다. 해안으로 쉴 새 없이 밀려드는 파도처럼, 장차 임할 영원한 시대에는 은혜로 구원받은 죄인들을 축하하고, 하나님께 모든 영광을 돌리는 소리가 끊임없이 울려 퍼질 것이다. 천국에서는 하나님의 선하심이 일회성으로 잠깐 나타나는 것이 아니라, 매 순간 증대되는 하나님의 은총이 끝없이 계속 커지면서 부어지고 임파테이

션 될 것이다.

바울은 하나님의 은혜가 부요하고 다함이 없다는 것을 강조하기 위해 다음의 네 가지를 알려 준다.

첫째, 하나님은 우리를 향한 그분의 '은혜'를 지속적·영구적·공개적으로 나타내려 하신다! 천국은 찬란하고 일시적인 찰나의 기쁨을 경험한 뒤에 지루함이 영원히 이어지는 곳이 아니다. 이 땅에서의 삶이 계속해서 연장·반복되는 곳이 아니다! 매일 하나님의 은혜에 대한 새로운 에피소드가 있을 것이다! 헤아릴 수 없을 정도로 복잡한 하나님의 자비가 지금까지 볼 수 없었던 모습으로 매 순간 새롭게 계시될 것이다. 매일매일 하나님의 자비가 가져오는 영향이나 결과가 새롭고 신선하게 계시될 것이다. 이것은 하나님이 우리를 위해 끝없이 행하시는 일의 의미를 새롭고 놀랍게 설명해 준다.

둘째, 이것은 그냥 은혜가 아니라 그분의 '부요하고 풍성한' 은혜이다. 하나님은 단순히 은혜롭기만 하신 것이 아니라 깊고, 넓고, 높고, 부요하고, 풍성하며, 무한히 채워지는 은혜를 베푸시는 분이다.

셋째, 바울은 단순히 은혜만으로는 부족하다는 듯이 그분의 은혜의 '측량할 수 없음', 즉 지극히 풍성함을 언급한다! 그분의 은혜는 측량할 수 없다. 그분의 자비는 헤아릴 수 없다.

마지막으로, 하나님의 은혜의 특별한 면은 그것이 독특하게 강조되고 경험된다는 것이다. 그것은 바로 그분의 '친절하심'이다! 부드러움과 온유하심과 오래 참으심과 기쁨과 마음에서 우러나오는 궁휼이 함께하는 우리를 향한 하나님의 은혜로운 사랑은 매우 깊고 열정적이며, 감정적인 역동성이 있다.

점점 커지는 은혜

이 은혜에 끝이 있을까? 그것은 결국 사라져 버릴까? 하나님의 선하심에 정해진 양에서 서서히 줄어들다가 언젠가는 말라 버릴까? 바울은 그리스도 안에 있는 하나님의 은혜가 영원토록 한계가 없고 복잡하며, 깊고 새로우며, 신선하고 심오하다는 것을 강조하고 있다. 하나님은 무한하시다. 따라서 그분의 속성도 마찬가지다.

우리는 오는 시대에 매 순간 계속 커지고, 이전보다 더 놀랍고, 더 매혹적이어서 더 즐거울 수밖에 없는 하나님의 은혜를 영원토록 받아 누리는 자들이 될 것이다. 하나님의 은혜가 계속 한없이 커지는 모습을 보면서 그 깊이와 위대함에 대해 더 많은 것을 지속적으로 점점 더 깨닫게 될 것이다. 우리는 그분의 구원하시는 사랑의 높이와 깊이와 너비와 넓이를 더 많이 배우고, 파악하고, 이해하게 될 것이다. 그분의 선하심이 항상 새롭고 신선하게 나타나고 표현되는 것을 보게 될 것이다. 우리가 천국에 들어갈 때 얻는 지식은 끝없이 자라고 깊어지며, 확장되고 강화되며, 풍성해질 것이다.

우리는 끊임없이 하나님을 보며 놀라고, 그분을 더욱 사랑하게 될 것이다. 그래서 그분의 임재를, 그리고 그분과의 관계를 더욱 풍성하게 누리게 될 것이다. 끝없이 하나님을 경험하게 될 것이다. 마치 산 정상에 도달하여 그 너머에 아무것도 없음을 발견하는 것처럼 끝을 보는 일은 없을 것이다. 하나님을 경험하는 일이 결코 진부해지지 않을 것이다. 더 깊어지고 발전하며, 강렬해지고 확대되며, 명확해지고 많아지며, 그 범위가 넓어지고 팽창할 것이다.

하나님을 누리고 기뻐하는 것에 민감해지고, 그 범위가 넓어지며, 확장되고 발전하며, 성숙하고 꽃을 피우며, 그 크기나 양이 늘어나고 진보하며, 확산되고 축적되며, 가속화하고 배가되며, 높아지다가 최고조에 달할 것이다. 그러나 그것조차도 하나님이 어떤 분인지, 그분의 위엄을 새롭고 신선하게 통찰하는 영원의 시작에 불과할 것이다!

계속 증가하는 지식

천국에서 우리의 지식은 '시간'이 지나면서 더 커질까? 천사들을 생각해 보라. 그들은 완전하고 죄가 없다. 게다가 그들의 지식은 더해지고, 기쁨도 강렬해진다. 그들은 구속의 일들을 들여다보기 원하며(벧전 1:12), 죄인이 회개할 때에 기뻐한다(눅 15:7,10). 분명 통찰력이 커지고 기뻐할 새로운 이유들이 많아지는 것은 천국의 천사들이 경험하는 특징이다. 그들이 이런 것을 누리는데, 왜 우리는 안 되겠는가?

천국에서는 모든 것을 알고, 보고, 느끼고, 경험하며, 즐길 수 있는 모든 것을 누릴 때가 결코 오지 않을 것이다. 우리는 하나님 안에 있는 만족의 깊이를 측정하지도, 그 끝에 도달하지도 못할 것이다. 그분 안에서 누리는 만족과 기쁨과 즐거움은 끊임없이 증가하게 된다. 천국에서 누리는 행복감에 끝이나 소멸, 종료 등과 같은 단어는 완전히 부적절하여 적용할 수 없다.

천국에 대한 가장 큰 오해 중 하나는 그곳이 정적이고, 항상 일정하며, 변하지 않는다고 하는 것이다. 이것은 마치 우리가 처음에 모든 것을 한꺼번에 얻게 된다고 말하는 것과 마찬가지다. 많은 이들이 우리가 그 시작 단계에서 변화될 만큼 변화될 것이라고 생각한다. 그러나 그렇지 않다. 천국의 행복이 항상 일정할 거라고 생각하는 것은 그 영광을 축소시키는 것이다.

천국에서 하나님에 대한 우리의 인식과 생각이 커지면, 그것들이 가져오는 기쁨과 즐거움과 매력도 커져야 한다. 우리는 하나님에 대한 제한된 지식과 생각을 가지고 천국에 들어간다. 하나님에 대한 모든 것을 한꺼번에 영원히 알게 될 것이라고 말씀하는 곳은 어디에도 없다. 유한한 존재가 어떻게 무한한 존재의 모든 것을 알

수 있겠는가?

지식이 늘어남에 따라 사랑도 깊어진다. 이해가 커짐에 따라 사랑하는 마음도 커진다. 새로운 통찰을 얻을 때마다 더 큰 기쁨이 임한다. 그리고 기쁨은 보좌 주변에서 찬양의 불을 지피는 역할만 한다. 이 모든 것은 거룩함 안에서 우리의 성장을 가속화한다. 영혼이 점점 더 깊어지는 지식과 사랑과 기쁨과 예배로 충만해지면, 더욱 그리스도의 형상을 닮아 가게 된다. 즉, 하나님을 사랑할수록 더욱 그분을 닮게 된다는 것이다!

새로운 생각과 계시, 통찰, 적용, 그리고 하나의 생각과 다른 모든 것이 새롭게 연결되면서 하나님께 더 깊이 감사하게 되고, 그로 인해 예배의 불꽃이 더욱 뜨겁게 타오르게 된다. 그리고 당신이 더 많은 것을 배우거나 새로운 것을 듣거나 보면 폭발할 거라고 생각하는 바로 그때, 하나님은 당신의 마음과 생각과 감정과 모든 기능을 넓히고 확장시키셔서 훨씬 더 많은 것을 받아들이게 하신다. 그리고 이 상태는 영원히 계속된다. 에드워즈는 다음과 같이 말한다.

> 그러므로 그들의 지식은 영원히 증가할 것이다. 그들의 지식은 의심의 여지없이 그들의 거룩함이다. 그들이 하나님과 그분이 하시는 일에 대해 더 많이 알수록, 그분의 탁월하심을 더 많이 보게 될 것이기

때문이다. 그리고 그분의 탁월함을 볼수록 … 더욱 그분을 사랑하게 될 것이다. 또한 하나님을 더 많이 사랑할수록 더 큰 기쁨과 행복을 … 그분 안에서 누리게 될 것이다.[3]

하나님의 무궁무진한 충만하심에 대한 성경적 사실이 참이라는 것을 알 수 있는 근거이다.

천국에서도 오직 하나님만이 한결같으시고 변함이 없으시다는 사실을 결코 잊어서는 안 된다. 우리는 항상 더 큰 변화와 진보를 경험하게 된다. 그러나 그것은 항상 더 높은 단계의 영광과 지식과 거룩함으로의 변화다. 불완전함에서 벗어나는 것과 완벽함을 경험하는 것은 별개의 문제다. 우리는 천국에 가는 순간부터 흠이 없고, 죄와 도덕적 타락과 이기심에서 벗어난다는 점에서 완전할 것이다. 그러나 우리가 유한하기 때문에 그 완전함은 한정적이다. 그래서 항상 확장되고 확대되게 된다. 항상 더 나은 방향으로 변화된다!

천국에서는 단순히 이 땅의 죄나 불완전함이 사라지는 것이 아니다. 천국에서 더 이상 하나님을 미워하지 않을 거라고 말하는 것과 그분을 온전히 사랑하는 것은 다르다. 나의 사랑이 그만큼 완벽하고 강렬하지는 않지만, 타락과 이기심에서 자유로울 수 있다. 하나님을 향한 나의 사랑이 완전해서 더 이상 발전될 수 없다고 말한다면, 내가 그분의 모든 것을 속속들이 다 알고 있다는 의미인

데, 이것은 참으로 어리석고 오만한 것이다.

천국에서 '온전하다'는 것은 우리가 지금, 그리고 항상 유한할 것이기 때문에 모든 것에 단계가 있음을 받아들인다. 유한한 것은 무엇이든 한계가 있고, 한계는 의미상 넘어서거나 확장될 수 있다. 완벽하고 오류가 없는 지식이라고 해서 반드시 모든 것을 포함하는 것은 아니다. 우리의 행복은 괴로움이나 시련, 악에서 완전히 벗어났다는 점에서 완전하겠지만, 이 완전함이 (이상하게 들릴 수도 있겠지만) 항상 진보하고 발전하게 된다.

지금이 영원이 된다

천국에 있는 모든 사람이 똑같이 잘 알고, 똑같이 거룩하여 동등하게 하나님을 누릴 수 있다고 생각하는 것은, 지금 우리가 이 땅에서 이루는 진보가 천국에서 우리의 위치와 관련이 없다고 주장하는 것이다. 그러나 우리는 자주 지금 일하라는 권고를 받는데, 그렇게 함으로 천국에 보화를 쌓고 있는 것이기 때문이다.[4]

모든 사람이 이 명령에 동일한 방식과 정도로, 동일한 충실함으로 응답하는 것은 아니다. 그러므로 사람들은 각기 다른 단계의 거룩함과 사랑과 기쁨으로 천국에 들어가게 될 것이다. 모든 것은 이 땅에서 우리가 발전하고 성장한 정도에 따라 증가하고 확장될 것이다. 우리가 지금 알고, 행하며, 성취하는 것은 하나님의 은혜로 영원한 결과들을 누리게 될 것이다.

천국에서 누릴 수 있는 행복은 이 땅에서 당신의 역량을 얼마나 발전시키고 단련시켰는지에 따라 달라진다. 지금 우리가 하는 일들이 영원에 들어가면 버려지는 것이 아니다. 지금 우리가 배우는 것은 천국에서도 지워지지 않는다. 성경 어디에도 천국에서는 모든 사람이 곧바로 동등한 교육을 철저하게 받게 될 것이라고 말씀하지 않는다. 지금 우리가 기쁨으로 깨닫고 이해하는 것들은 소멸되지 않고, 우리의 영원한 경험과 성장의 기반이 된다.

점점 커지는 기쁨

만약 하나님이 영광받으시기를 갈망하신다면, 그분의 영광이 점점 더 다양하게 나타나고 찬양을 받으시도록 필요한 모든 것을 하셔야 할 것 같다. 아마도 하나님은 우리의 지적 능력을 키워 그분을 알게 하시고, 사랑의 감수성을 높여 그분을 사랑하게 하시며, 혼과 영과 몸의 모든 기능을 이전에는 달성하거나 상상할 수도 없었던 차원으로 변화시키실 것이다. 우리의 생각과 의지와 감정과

몸과 영은 더 이상 육신의 타락이나 이 땅의 한계에 제한받지 않게 될 것이다.5)

그런데 우리가 최고의 온전함과 하나님을 아는 완전한 지식에 이르지 못한다면, 좌절하고 실망하며 불안해하지 않을까? 아니다. 우리가 원하는 것을 거부당하는 일이 결코 없을 것이기 때문이다. 욕망이 채워지는 것도 행복이라고 할 수 있다. 천국에서는 소원이 있을 때마다 이루어진다. 우리는 선하고, 의롭고, 하나님을 영화롭게 하는 것만을 갈망할 것이다. 이러한 갈망이 충족되지 않는다면, 그곳은 지옥일 것이다. 새로운 갈망은 모두 만족과 함께 임하는 기쁨의 전주곡일 뿐이다.

마음이 원하는 바를 이루지 못하면, 좌절하고 실망하며 근심하게 된다. 그러나 천국에서는 우리가 원하는 것은 무엇이든 얻을 수 있다. 우리가 더 많은 지식을 원한다면, 배우게 될 것이다. 더 많은 즐거움을 원하면, 그것을 누리게 된다. 각각의 새로운 갈망은 그에 따르는 만족을 얻게 된다. 그리고 각각 새롭게 만족되고 발견되는 것과 더불어 하나님을 누리고 알 수 있는, 아직 보이지도 경험하지도 못한 기회들이 나타나 마음으로 갈망하게 될 것이고, 그것은 결국 성취될 것이다. 결국 아직 도달하지 못한 새로운 것에 눈을 뜨게 하고, 갈망할 때에 그것이 성취되고 만족되는 일들이 영원히 계속될 것이다.

때때로 사람들은 이 세상의 비참함 때문에 장차 올 천국의 행복을 의심한다. 하나님의 섭리가 지금 그들의 행복을 박탈하는 것 같이 보인다. 그렇다면 그들이 나중에 행복해질 거라고 믿을 만한 근거는 무엇인가? 이 질문은 하나님께서 우리가 이 세상에 집착하거나 의존하거나 이곳을 떠나는(죽는) 것을 두려워하지 않게 하시려고, 또한 아직 오지 않은 것에 대한 거룩한 기대와 갈망을 일으키시려고 지금 누리고 있는 행복과 쾌락을 제한하신다는 사실을 깨닫지 못하게 한다.

하나님의 본성과 그분이 이루시는 일에 대한 관념과 생각과 통찰이 끊임없이 커지고 확장될 것이라는 점에서, 우리가 천국에서 행복하게 성장하는 것은 분명해 보인다. 지금 우리가 아름답다고 느끼는 것이 천국에서 경험하게 될 아름다움의 한계나 경계라고 생각하는 것은 착각이다. 새 하늘과 새 땅에는 분명 새로운 색상과 조합과 색조와 빛이 있을 것이며, 더불어 새로운 생각과 감각과 영으로 하나님의 무한한 영광이 새롭게 드러나는 것을 깨닫게 될 것이다.

그곳에서 볼 수 없는 것들

요한계시록에서 다음 세 구절은 천국에 누가, 무엇이 없을 것인지 알려 준다. 요한계시록 21장 4절을 통해 우리는 천국에 눈물이나 사망이나 슬픔이나 고통이 없다는 것을 알게 된다. 21장 8절을 통해서는 두려워하는 자나 믿지 아니하는 자, 흉악한 자나 살인하는 자, 음행하는 자나 점술가들, 우상 숭배하는 자는 한 사람도 없을 것이라는 사실을 확신하게 된다. 21장 27절에서는 마치 이 모든 것을 요약하는 것처럼, 부정한 것은 아무것도 천국에 들어가지 못한다고 말한다.

이 말씀의 의미를 생각해 보자! 천국에는 거슬리거나 화나게 하거나 불안하게 하는 것, 마음을 상하게 하는 것이 없을 것이다. 또 해롭거나 혐오스럽거나 속상하거나 불친절한 것도 없다. 슬픔이나 기분 나쁜 것이나 화나는 일도 없다. 거칠고, 참을성이 없고, 감사하지 않고, 가치가 없는 것은 없다. 약하거나 병들거나 상하거나 어리석은 것도 없다. 기형이나 변질된 것이나 타락한 것, 가증한 것도 없다. 더럽거나 불쌍하거나 가난하거나 부패한 것도 없다. 어둡거나 우울하거나 실망스럽거나 굴욕적인 것도 없다.

책망할 만하거나 흠이 있거나 모독적이거나 결함이 있거나 회의적이거나 의지 박약이나 약해지는 것도 없다. 흠이 있거나 불경스럽거나 연약하거나 황폐한 것이 없다. 기괴하거나 슬프거나 흉하거나 교활한 것도 없다. 불법적인 것이나 호색이나 음탕도 없다. 부서지거나 손상되거나 어긋나거나 잘못 아는 것도 없다. 불쾌하거나 야비하거나 공격적이거나 혐오스러운 것도 없다. 변질되거나 무례하거나 상한 것도 없다. 저속하거나 지저분하거나 맛이 없거나 유혹하는 것도 없다. 사악하거나 악의적이거나 낭비적인 것이나 방탕한 것도 없다!

그곳에서 보게 될 것들

천국에서는 눈이 향하는 곳마다 영광과 아름다움과 밝음과 순결과 완전함과 찬란함과 만족과 감미로움과 구원과 위엄과 경이와 거룩함과 행복만 보일 것이다.

우리는 사랑스럽고, 다정하고, 아름답고, 밝고, 찬란하며, 풍성하고, 기분 좋고, 눈부시고, 우아하고, 흥미진진하며, 유익하고, 영광스럽고, 웅장하며, 은혜롭고, 좋은 것만 볼 것이다. 또한 거룩하고, 건강하고, 온전하고, 기쁘고, 즐거우며, 사랑스럽고, 감미롭고, 위엄 있고, 놀랍고, 부요하고, 압도적이며, 찬란하고, 빛나고, 화려하고, 탁월하며, 향긋하고, 부드럽고, 멋있고, 행복하고, 하나 되는 것만 보게 될 것이다!

천국에는 왜 이 모든 것이 있을까? 우리가 하나님을 바라볼 것이기 때문이다(마 5:8; 요 17:24; 히 12:14; 계 22:4 참조). 그때는 완전히 있는 그대로 보게 될 것이다. 지금은 흐릿하고 뿌연 '유리'를 통해 '희미하게' 보지만(고전 13장), 언젠가 하나님은 모든 찬란한 빛과 영광을 드러내어 우리가 명확하게 보게 해 주실 것이다.

이것은 모든 것을 초월한다. 모든 면에서 우리가 이 땅에서 본 영광과 아름다움과 위엄을 능가하고 뛰어넘을 것이다. 그러므로 우리는 결코 하나님을 바라보다가 지치거나 지루해하지 않을 것이다.

또 이것을 통해 우리는 완전히 변화될 것이다. 모세는 하나님의 '등'(또는 뒷부분)을 보았다(출 33:19-23 참조). 그로 인해 그의 얼굴에서 광채가 나자, 사람들이 겁에 질려 그를 피했다. 모세의 얼굴을 변화시킨 눈부신 광채는 그들이 감당하기에는 너무 강렬했는데, 이것은 하나님의 얼굴이 아니라 등을 본 후 나타난 것이었다! 우리의 영원한 소명은 그분을 대면하는 것이다. 하나님의 얼굴의 찬란한 영광과 아름다움을 누리는 것은 우리에게 도대체 무슨 의미가 있을까!

그곳에서 우리가 할 일들

우선 우리는 더 이상 죄를 즐기지 않게 된다! 예를 들어, 시기와 탐욕과 악의와 같이 다른 사람들이 우리보다 번영하고, 성공하고, 세상에서 높아지는 것을 볼 때에 우리 마음을 채우는 모든 것은 천국에서 영원히 사라지게 될 것이다.

다른 성도들이 당신보다 더 큰 상을 받고, 더 큰 영광을 누리며, 더 큰 권세를 받는 것을 지켜보는 것만큼 기쁨을 주는 일은 없을 것이다! 천국에는 건강하지 못한 경쟁을 부추기는 질투나 교만이 없을 것이다. 다른 사람보다 더 많은 것을 얻기 위해 경쟁하며 애쓰는 탐욕도 없을 것이다. 그래서 오직 다른 사람들의 기쁨을 함께 누리는 것만 즐거워하게 될 것이다. 그들의 성취가 당신의 가장 큰 기쁨이 될 것이다. 그들의 성공은 최고의 행복이 될 것이다. 참으로 기뻐하는 자들과 함께 기뻐하게 될 것이다.

시기심은 결핍에서 온다. 그러나 천국에는 부족함이 없다. 필요한 것은 무엇이든 얻을 수 있다. 무엇을 갈망하게 되든 만족을 얻게 된다.

더 거룩하고 더 행복한 사람들이 있다는 사실에 기쁨이 사라지지는 않을 것이다. 천국에서는 하나님의 뜻에 대한 완전한 겸손과 순종만 있을 것이므로, 원망이나 억울함이 없을 것이다. 또한 거룩한 사람들은 거룩하기 때문에 더 겸손할 것이다. 거룩의 본질은 겸손이다! 자기들보다 낮은 자들을 업신여기는 악덕은 어디에도 존재하지 않는다. 그들의 겸손은 정말 대단해서 오만이나 엘리트주의에 빠질 수가 없는데, 이것은 그들이 더 거룩하기 때문이다.

그들은 더 높은 영광을 뽐내거나 자랑하거나 사용하여 낮은 자들을 모욕하거나 해를 끼치지 않을 것이다. 하나님을 더 많이 아는 사람들은 그 지식 때문에 자신을 더 낮추고, 겸손해지려 할 것이다. 이들은 자기들이 거룩한 이유가 은혜 때문이라는 것을 더 잘 알고 있으므로, 기꺼이 더 섬기고, 포기하고, 낮아지고, 따를 것이다.

천국에는 다른 사람들보다 더 행복한 이들도 있을 것이다. 그러나 그것 때문에 슬퍼하거나 분노하지 않는다. 사실, 다른 사람들이 당신보다 더 행복하다는 사실에 더 기쁠 뿐이다! 그들의 행복이 자신의 행복보다 크다는 사실에 당신의 기쁨이 더 커질 것이다. 이유가 뭘까? 사랑이 천국을 지배하고, 다른 사람의 행복이 더해지는 것을 기뻐하는 것이 사랑이기 때문이다.

누군가를 사랑하는 것은 그들이 가장 큰 기쁨을 누리기를 바라는 것이다. 그들의 기쁨이 커지면, 당신의 기쁨도 커진다. 그들의 기쁨이 커지지 않으면, 당신의 기쁨도 커지지 않을 것이다. 지금 이 땅에서는 우리의 생각과 욕망과 목적이 죄악된 이기심과 경쟁, 시기, 질투, 원한으로 타락했기 때문에 이 문제를 해결하기 위해 애쓰고 있다. 조나단 에드워즈는 이것을 다음과 같이 요약했다.

..

이 땅의 연인들은 얼마나 빨리 서로의 아름다움을 발견하는 일을 끝내는가! 보이는 모든 것을 얼마나 빨리 보는가! … 그리고 이 모든 것 가운데 끊임없이 진보하고 발전하는 사랑은 얼마나 행복한가! 새로운 아름다움과 더 많은 사랑스러움을 계속해서 발견하면서, 우리의 아름다움도 영원히 더해질 것이다. 그곳에서 우리는 더 많은 사랑의 표현들을 찾아내고, 영원히 주고받을 수 있게 될 것이다. 우리의 연합은 더 단단해지고, 소통은 더 친밀해질 것이다.[6]

이 땅에서는 상처 받으면 행복하기 어려운 경우가 많다. 천국에서는 새롭고 영화롭게 된 몸을 입기에 피로와 고통, 불편함, 만성 통증이나 가려움이 없을 것이다. 천국의 영광을 보고, 듣고, 만지고, 맛보고, 느낄 수 있는 능력을 저하시키는 신체적 장애가 없으므로 순수한 육체적 쾌락만 있을 것이다. 이 땅에서는 육체적인 쾌락이 영적인 쾌락과 경쟁하는 경우가 많지만, 천국에서는 이것들이 하나다! 천국에서 누리는 육체적·정서적·지적 쾌락은 이 땅에서 경험하는 가장 황홀한 육체적·감각적 쾌락을 한없이 능가할 것이다.

당신을 무너뜨리는 육체적인 정욕, 생각을 흐리게 하는 육체적 피로, 싸워 이겨야 할 악한 충동, 당신을 방해하는 마음의 둔감함, 당신의 속도를 늦추는 영혼의 무기력함이나 당신을 속박하는 의지박약, 다른 사람을 사랑할 에너지의 결핍이나 거룩한 것을 추구하는 열정의 부재 같은 것이 없을 것이다.

천국에서 우리의 몸은 영화롭게 되어, 연약함과 나약함과 비천함과 감각에서 벗어나 모든 것이 강화되고 확대된다. 그래서 보고, 듣고, 만지고, 느끼고, 냄새 맡는 능력이 커져서 더 이상 질병이나 주의산만으로 방해받지 않기에 이루 말할 수 없는 기쁨을 경험하게 될 것이다. "모든 지각 능력이 기쁨이 들어오는 입구가 될 것이다."[7]

그곳에서 듣게 될 것들

천국의 가장 큰 즐거움 중 하나는 온전해진 영혼들이 기쁨으로 하나님을 찬양하는 기쁨의 소리일 것이다. 조나단 에드워즈는 "서로에게 달콤한 마음의 화합을 표현하는 가장 훌륭하고, 아름답고, 완벽한 방법은 음악"[8]이라고 말했다.

또 그는 이어서 "자신의 육체를 돌려받은 후 영화롭게 된 성도들은 소리 대신 우리가 상상할 수 없는 다른 것을 발산하여 마음의 하나 됨을 표현하게 될 것이다. 그것은 소리의 울림보다 훨씬 더 균형 잡히고, 조화로우며, 기분 좋을 것이다. 그들이 만들 음악은 우리의 거친 공기보다 훨씬 더 훌륭하고, 정확하고, 정밀한 비율로

조절이 가능한 매체로, 그러한 비율에 훨씬 더 적합한 오르간으로 전달될 것이다"9)라고 했다. 천국에는 "그 세계의 조화와 균형을 깨는 음정이 맞지 않는 현악기나 거슬리는 소리를 내는 불협화음이 없다."10)

마지막으로, 천국의 기쁨을 잃어버리거나 빼앗길까 봐 두려워하며 살 필요가 없다! 우리는 삶이 곧 끝날 것이라는 두려움 때문에 현재의 삶을 즐기려고 애쓴다. 현재 누리고 있는 작은 행복을 빼앗길까 봐 두려워서 맛보기를 주저한다. 우리는 곧 재앙이 닥치거나, 경기 침체가 시작되거나, 건강이 악화되거나, 누군가가 사망하거나, 예상치 못한 일들이 갑자기 일어나 모든 것을 앗아갈 수 있다는 사실을 알기에, 절제하고 신중을 기하며 우리의 영혼을 제한한다.

그러나 천국에는 그런 것이 없다! 절대로! 그곳에서는 아름다움과 기쁨과 영광과 즐거움과 만족과 순결이 결코 사라지지 않고, 더 커지고, 성장하며, 확장되고, 번성할 뿐이다! 이 모든 것이 지옥에 가도 마땅한 죄인들을 위한 것이다!

오, 우리가 그분을 누리고 기뻐하는 것이 최고로 온전히 표현되는 날을 속히 앞당겨 주소서!

에필로그

2002년 7월 1일자 〈타임〉지의 표지가 눈길을 끌었다. 거기에는 굵은 글씨로 다음과 같은 문구가 쓰여 있었다. "성경과 요한계시록, 많은 미국인들이 왜 세상의 종말에 대해 읽고 이야기하는가?"

이어지는 기사는 팀 라헤이와 제리 젠킨스의 시리즈 소설인 《남겨진 자들》(Left Behind)의 놀라운 판매량과 더불어 지구가 언제 멸망할 것인지에 대한 관심이 커지는 이유를 밝히고자 했다. 이 기사를 읽으면 역사의 종말이 적그리스도나 이스라엘, 휴거 또는 666, 세대주의 신학과 관련된 여러 주제들이라고 생각할 수도 있다. 하지만 그렇지 않다.

역사의 종말은 하나님의 아름다움이 전부다. 그 끝은 하늘에 나타나실 우리 주 예수 그리스도를 찬양하고 경배하는 것이다. 나는 예수님의 재림에 대한 수많은 해설을 읽어 보았지만, 그분의 재림의 궁극적인 이유를 제대로 파악한 사람은 아무도 없었다. 이에 대한 근거는 바울이 데살로니가 교회에 보낸 두 번째 편지에서 찾을 수 있다. 바울은 예수님께서 "그의 성도들에게서 영광을 받으시고 모든 믿는 자들에게서 놀랍게 여김을 얻으시기"(살후 1:10) 위하여 다시 오실 것이라고 말했다.

전치사에 유의하여 살펴보자. 여기서 바울은 예수님께서 그분의 성도들 '안에서' 영광을 받으시고, 모든 믿는 자들 '가운데서' 놀랍게 여김을 얻으실 것이라고 말한다. 이것은 신중하게 생각해야 한다. 많은 연구 끝에, 존 스토트가 바울이 강조하는 핵심을 가장 잘 표현했다는 생각이 들었다. 그는 다음과 같이 말했다.

> 그러면 오실 주 예수께서는 그분의 백성과의 관계 가운데 어떻게 영광을 받으실까? 마치 그분이 극장이나 경기장에 등장하시는 것처럼 '그들 가운데'는 아니다. 또한 지켜보며 경배하는 청중처럼 '그들에 의해서'도 아니다. 그분의 형상과 영광을 비추는 거울처럼 '그들을 통해서'도 아니다. 오히려 마치 전류가 통과할 때 스스로 빛과 열을 발산하는 필라멘트처럼 '그들 안에서'이다.[1]

존 스토트의 요점은 우리가 그리스도의 영광을 볼 뿐만 아니라, 영광 안으로 들어가서 밀려드는 영광의 빛에 휩싸여 영광을 체험하고 참여하게 된다는 것이다. 그리고 그것은 영원할 것이다! 우리가 잠시 그분의 영광으로 빛나지 않는 것은 또다시 이기심과 죄의 어둠에 빠지려 할 때뿐이다. "우리는 철저하게 영원히 변화되어 그분과 같아질 것이다. 그리고 우리가 변화될 때, 우리에게서 그분의 영광이 보일 것이다. 우리가 그리스도의 영광으로 영원히 빛날 것이기 때문이다."[2]

이 모든 것으로 인해 그리스도인들은 그리스도께 열정적이고 보편적으로 반응하게 될 것이다. 그것은 바로 경이로움(Marvel)이다! 이 아름다운 헬라어는 지극히 놀랍고, 경이로우며, 기쁨과 경탄과 경외심이 넘치는 경험을 강조한다. 바로 이것이 주님이 돌아오시는 이유이다. 다른 모든 것은 이 목적에 보조적인 역할을 할 뿐이다. 마지막 때에 무슨 일이 벌어지고, 누가 일어나며, 얼마나 많은 이들이 넘어지든지, 그것이 가깝든 수백 년이 걸리든, 예수님은 영원한 위엄의 아름다움과 찬란함으로 성도들에게 나타나실 것이다.

사도 요한은 마지막 때에 대한 우리의 추측을 부추기기 위해서가 아니라, 견줄 수 없는 찬란함 가운데 계신 그분을 보게 하는 순결함의 능력을 일깨우기 위해 그리스도의 재림에 대해 쓴 것이다(요일 3:1-3 참조). 역사는 수많은 변화와 더불어 위대한 승리와 끔찍한 비극의 순간에 좌절처럼 보이는 일들을 수없이 많이 경험했다. 그러나 그리스도께서 하늘에 나타나실 그날, 우리는 그 궁극적인 목적이 하나님의 아름다움을 드러내기 위해 어떻게 준비가 되었는지 보게 될 것이다. 그때는 우리가 그분을 보게 될 것이다! 이제는 희미하게 유리를 통해 어렴풋이 보는 것이 아니라, 그분과 대면하여 보며 그분을 누리는 지극한 환희 가운데 영원토록 그분께 영광을 돌리게 될 것이다!

이 숨막히는 진리는 마태복음 25장 31절에서도 찾아볼 수 있다. 예수님은 '그분의 영광 가운데' 재림하셔서 '그분의 영광스러운 보좌에 앉으실 것'이다. 또 디도서 2장 13절에서 재림은 '우리의 크신 하나님 구주 예수 그리스도의 영광이 나타나심'에 대한 말씀이다. 예수님 자신도 이것을 분명히 아셨다. 이것은 주님께서 왜 제자들도 그분의 '영광'을 '보게' 해달라고 기도하셨는지를 설명해 준다 (요 17:24).

그렇다면 그분이 다시 오실 때에 영광 중에 나타날 것이라는 말은 무엇을 의미하는가? 이렇게 상상해 보자. 예수님께서 찬란한 영광으로 옷 입으시고, 형언할 수 없는 빛에 휩싸여 천사들과 성도들의 찬양을 받으며 오실 것이다. 그분의 눈에서는 번쩍이는 빛이, 손에서는 저항할 수 없는 힘이 뿜어져 나올 것이다. 아무도 그분의 아름다움을 부정하거나 변화시키는 능력에서 벗어날 수 없을 것이다.

그러나 우리가 지금 그분을 볼 수 없다면, 이것이 어떻게 좋은 소식이 될 수 있겠는가? 그날의 영광을 고대하고 기다리면서 여전히 그분의 아름다움에 변화될 수 있는가? 그렇다. 베드로는 이렇게 말했다. "예수를 너희가 보지 못하였으나 사랑하는도다 이제도 보지 못하나 믿고 말할 수 없는 영광스러운 즐거움으로 기뻐하니"(벧전 1:8).

지금은 성경과 창조와 섭리와 교회 가운데 계시된 그분의 아름다움으로 충분하다. 그러므로 그분을 향한 우리의 열정은 죄를 이기게 하고, 그분을 향한 우리의 기쁨은 그분의 이름의 영광을 더하게 할 수 있다.

은혜로운 초자연적 빛

나는 이렇게 결론을 맺겠다. 예수님 안에 있는 영적 아름다움과 그것이 가져오는 달콤한 삶의 변화는 결국 인간의 노력으로 얻어지는 것이 아니다. 그리스도인들만 예수님 안에 계시된 하나님을 경험하는 것은 그분의 은혜로운 주권 때문이다. 거듭나게 하는 성령의 역사로 그들 안에 그리스도 안에 있는 하나님의 감미로움과 아름다움과 위엄에 대한 새로운 지각과 감각이 부어졌다.

베드로의 영혼에 영적으로 조명하는 빛이 비치며 예수님이 메시아, 곧 살아 계신 하나님의 아들이라는 지식이 전해졌을 때, 그로 하여금 믿게 하신 분은 하늘에 계신 우리 아버지이셨다(마 16:16-17; 11:25-30 참조). 혈육이나 인간의 본성이 아무리 노력하고 교육해도 구원에 대한 베드로의 깨달음을 설명할 수 없다. 이것은 하나님이 성령을 통해 계시해 주신 것이었다. 이러한 이유로 베드로는 복된 사람으로 여겨졌다.

이것은 베드로뿐만 아니라 당신과 나에게도 마찬가지이다. 우리가 예수님 안에 있는 하나님의 아름다움의 계시를 알고, 보고, 맛보고, 누리는 것은 어디까지나 하나님의 은혜로운 역사다. 주님! 감사합니다.

chapter 1

1. Jonathan Edwards, *The Miscellanies*(Entry Nos. a-z, aa-zz, 1-500), The Works of Jonathan Edwards, Volume 13. Edited by Thomas A. Schafer (New Haven: Yale University Press, 1994), no. 3, p. 200.

2. Ibid, no. 448, p. 495.

3. Jonathan Edwards, *Sermon and Discourse 1723-1729*, The Works of Jonathan Edwards, Volume 14. Edited by Kenneth P. Minkema (New Haven: Yale University Press, 1997), pp. 145-46.

4. Ibid., p. 151.

5. Jonathan Edwards, 'Christian Happiness' in *Sermon and Discourse 1720-1723*, The Works of Jonathan Edwards, Volume 10. Edited by Wilson H. Kimnach (New Haven; Yale University Press, 1992), pp. 305-06.

6. John Wesley, *A Plan Account of Christian Perfection* (Peterborough, U.K.: Epworth Press, 1997), pp. 7-8.

7. Brian Green, *The Elegant Universe: Superstrings, Hidden Dimensions, and the Quest for the Ultimate Theory* (New York: W. W. Norton & Company, 1999), p. 16.

8. Ibid., p. 15.

9. Bryson, *A Short History of Nearly Everything* (New York: Broadway Books, 2003), p. 2.

10. Ibid., p. 13.

11. Ibid., p. 2.

chapter 2

1. C. S. Lewis, 'The Weight of Glory', in *The Weight of Glory and Other Addresses*, edited and with an introduction by Walter Hooper (New York: Simon & Schuster, 1996), p. 25.

2. John Piper, *Designing God* (Sisters, OR: Multnomah Books, 1996), p. 244.

3. Lewis, 'The Weight of Glory', pp. 25-26 (emphasis mine).

4. 이 아이디어는 파이퍼의 것이다. *The Dangerous Duty of Delight* (Sisters, OR: Multno mah Publishers, 2001), p. 17.

5. Jonathan Edwards, 'Sacrament Sermon on Canticles 5:1'(circa 1729). Edited version with introduction by Kenneth P. Minkema.

6. Ibid., p. 14.

7. Larry Crabb, 'Fly on the Wall' : A Conversation About Authentic Transformation Among Dallas Willard, Larry Crabb & John Ortberg,' in Conversation: *A Forum for Authentic Transformation*, Volume I (Spring 2003), p. 30.

8. C. S. Lewis, 'The Weight of Glory', in *The Weight of Glory and Other Addresses*, editied and with an introduction by Walter Hooper (New York: Simon & Schuster, 1996), p. 31.

9. 이 인용문은 *The Works of Jonathan Edwards*, Vol. 1 Edited by Wilson H. Kimnach (Edinburgh: The Banner of Truth, 1979[1834]), pp. lxii-lxx에서 찾을 수 있는 완전한 텍스트에서 발췌한 것이다.

10. Quoted in Iain Murray, *Jonathan Edwards: A New Biography* (Edinburgh: The Banner of Truth, 1987), p. 327.

11. Jonathan Edwards, 'Sacrament Sermon on Canticles 5:1,' p. 14.

12. Ibid., pp. 14-15. Emphasis mine.

13. Ibid., p. 15.

14. C. S. Lewis, 'A Word About Praising', in *Reflections on the Pslams* (New York: Harcourt, Brace and World, 1958), p. 95.

15. Ibid., p. 96.

chapter 3

1. Cited in Thomas Dubay, *The Evidential Power of Beauty* (San Feancisco: Ignatius Press, 1999), p. 20.

2. Sam Storms, *Pleasures Evermore: The Life-Changing Power of Enjoying God* (Colorado Springs: NavPress, 2000), p. 147.

3. *The Confessions of St. Augustine*, translated with an introduction and notes by John K. Ryan (New York: Image Books, 1960), 3.6.

4. Quoted in Patrick Sherry, Spirit and Beauty: *An Introduction to Theological Aesthetics*, 2nd edition (London: SCM Press, 2002), p. 56.

5. C. S. Lewis, 'The Weight of Glory', in *The Weight of Glory and Other Address*, edited and with an introduction by Walter Hooper (New York: Simon & Schuster, 1996), p. 29.

6. Robert Payne, *The Fathers of the Eastern Church* (Nwe York: Dorset Press, 1989), p. 67.

7. Christopher A. Hall, *Reading Scripture with the Church Fathers* (Downers Grove: IVP, 1998), p. 57.

8. Roger E. Olson, *The story of Christian Theology* (Downers Grove: IVP, 1999), pp. 161-62.

9. Athanasius, *On the Incarnation* (Willits, CA: Eastern Orthodox Books, n.d.), p. 84.

10. KJV에는 추가적인 형용사 'wise'가 있는데, 아마도 로마서 16장 27절에서 유래한 낙서일 것이다.

11. Jonathan Edwards, *Letters and Personal Writings*, edited by George S. Claghorn. The Works of Jonsthan Edward, volume 16 (New Haven: Yale University Press, 1998), pp.792-93.

12. Lewis, 'The Weight of Glory', p 37.

13. Ibid.

chapter 4

1. Warren Wiersbe, *Real Worship* (Nashville: Oliver Nelson, 1986), pp. 44-45.

2. G. B. Caird, *A Commentary on the Revelation of St. John The Divine* (New York : Harper & Row, 1966), p. 72.

3. Quoted in Patrick Sherry, *Spirit and Beauty: An Introduction to Theological Aesthetics*, 2nd edition (London: SCM Press, 2002), pp. 61-62.

chapter 5

1. 만약 궁금하다면, 지구의 무게는 13,000,000,000,000,000,000,000,000파운드 미만이다!

2. Ronald H. Nash, *The Concept of God* (Grand Rapids: Zondervan, 1983), p. 47.

chapter 6

1. 아마도 이것이 도움이 될 것이다. 브라이슨은 "양성자는 너무 작아서 이 'i'의 점과 같은 잉크가 500,000,000,000의 영역에서 무언가를 담을 수 있으며, 이는 50만 년에 포함된 초 수보다 많다"고 언급했다(A Short History, p. 9).

2. Brian Green, *The Elegant Universe: Superstrings, Hidden Dimensions, and the Quest for the Ultimate Theory* (New York: W. W. Norton & Company, 1999), p. 18.

3. Trinh Xuan Thuan, *Chaos and Harmony: Perspectives on Scientific Revolution of the Twentieth Century*, translated by Axel Reisinger (New York: Oxford University Press, 2001), P.166.

4. Green, *The Elegant Universe*, p. 264.

5. Thuan, *Chaos and Harmony*, pp. 183-184.

6. Ibid., p. 184.

7. Stephen Charnock, *The existence and Attributes of God* (Grand Rapids: Sovereign Grace, 1971), p. 429.

chapter 7

1. Sam Storms, *Pleasures Evermore: The Life-Changing Power of Enjoying God* (Colorado Springs: NavPress, 2000), pp. 104-106.

2. Gerald R. McDermott, *Seeing God: Twelve Reliable Signs of True Spirituality* (Downers Grove: IVP, 1999), p. 114.

3. Robert Payne, 'The Dark Heart Filled with Light', *Christian History, Issue 67* (Vol. XIX, No. 3), pp.12-13.

4. Quoted by Payne, pp. 13-14.

5. *The Confessions of St. Augustine*, translated with an introduction and notes by John K. Ryan (New York: Image Books, 1960), 3.11.

6. Ibid., 3.12.

7. Confessions, 2.2.

8. Confessions, 8.8.

9. Confessions, 8.12.

10. Confessions, 9.1.

chapter 8

1. 이 진실을 전달하기 위한 나의 초기 노력은 내 책 *Pleasures Evermore* (NavPress, 2000)에서 찾을 수 있다.

2. Brent Curtis and John Eldredge, *The Sacred Romance: Drawing Closer to the Heart of God* (Nashville, TN: Thomas Nelson, 1997),p 195

3. Jonathan Edwards, 'The Pleasantness of Religion', in *Sermons and Discourses, 1723-1729*, The Works of Jonathan Edwards, Volume 14. Edited by Kenneth P. Minkema (New Haven: Yale University Press, 1997), pp. 108-9.

4. Donald A. Carson, *How Long, O Lord? Reflections on Suffering and Evil* (Grand Rapids: Baker Book House, 1990), pp. 76-77.

5. O Palmer Robertson, *The Books of Nahum, Habakkuk and Zephaniah* (Grand Rapids: Eerdmans,

1990), p. 247.

chapter 9

1. '시민권'으로 번역된 헬라어 '폴레우루마'는 역동적이고 변화시키는 힘의 의미를 가지고 있다. 그것은 우리가 생각하고 느끼고 반응하고 선택하는 방식을 형성하는 힘이다.

2. Jonathan Edwards, *Religious Affections*, The Works of Jonathan Edwards, Volume 2. Edited by John E. Smith (New Haven: Yale University Press, 1969), p. 114.

3. Jonathan Edwards, *The Miscellanies*, The Works of Jonathan Edwards, Volume 13. Edited by Thomas A. Schafer (New Haven: Yale University Press, 1994), no. 105, pp. 275-76.

4. 적어도 세 가지가 하늘의 영광의 정도를 결정한다. (1) 지상에서의 거룩함의 정도(히 10:35; 약 1:12; 눅 14:11; 마 18:4 참조) (2) 지상에서 견뎌 낸 극기와 고난의 정도(마 5:10-12; 19:29; 2 딤후 2:11-12; 벧전 4:13 참조) (3) 몸으로 행하는 선행의 정도(렘 17:10; 단 12:3; 1 살전 2:19; 요 4:35-36; 고전 3:10-15; 고후 5:10 참조)

5. 에드워즈는 이렇게 말했다. "그리고 의심할 여지없이 신은 물질을 고안하여 다른 종류의 비율이 존재하도록 할 수 있으며, 그것은 완전히 다른 종류일 수 있고, 어떤 의미와 방식으로 또 다른 종류의 즐거움을 일으킬 수 있으며 우리에게는 상상할 수 없는, 훨씬 더 황홀하고 절묘할 것이다 … 우리의 동물적 영혼은 또한 너무 조잡하여 지금보다 훨씬 더 훌륭하고 정교하게 움직일 수 있을 것이다"(*The Miscellanies*, Jonathan Edwards, Volume 13. Edited by Thomas A. Schafer [New Haven: Yale University Press, 1994], no. p. 182).

6. Jonathan Edwards, *The Miscellanies*, The Works of Jonathan Edwards, Volume 13. Edited by Thomas A. Schafer (New Haven: Yale University Press, 1994), no. 198, pp. 336- 37.

7. Ibid., no. 721, p. 350.

8. Jonathan Edwards, *The Miscellanies*, The Works of Jonathan Edwards, Volume 13. Edited by Thomas A. Schafer (New Haven: Yale University Press, 1994), no. 188, p. 331.

9. Ibid.

10. Jonathan Edwards, 'Heaven is World of Love', in *Ethical Writings*, The Works of Jonathan Edwards, Volume 8. Edited by Paul Ramsey (New Haven: Yale University Press, 1989), p. 371.

에필로그

1. John Stott, *The Gospel & the End of Time, The Message of 1 & 2 Thessalonians* (Downers Grove: IVP, 1991), p. 149.

2. Ibid., pp. 149-150.

순전한나드 도서목록

번호	도서명	저자	가격
1	존 비비어의 승리〈개정판〉	존 비비어	12,000
2	교회를 뒤흔드는 악령을 대적하라	프랜시스 프랜지팬	5,000
3	교회를 어지럽히는 험담의 악령을 추방하라	프랜시스 프랜지팬	5,000
4	그리스도인의 삶의 비결〈개정판〉	진 에드워드	9,000
5	존 비비어의 친밀감〈개정판〉	존 비비어	14,000
6	내어드림〈개정판〉	프랑소와 페늘롱	7,000
7	존 비비어의 축복의 통로〈개정판〉	존 비비어	8,000
8	부서트리고 무너트리는 기름부으심	바바라 J. 요더	8,000
9	사도적 사역	릭 조이너	12,000
10	사사기	잔느 귀용	7,000
11	상한 마음을 치유하는 기도	마크 & 패티 버클러	15,000
12	상한 영의 치유1	존 & 폴라 샌드포드	17,000
13	상한 영의 치유2	존 & 폴라 샌드포드	12,000
14	여정의 시작	릭 조이너	13,000
15	영광스러운 교회에 보내는 메시지 1	릭 조이너	10,000
16	영분별〈개정판〉	프랜시스 프랜지팬	4,000
17	영적 전투의 세 영역〈개정판〉	프랜시스 프랜지팬	11,000
18	예레미야	잔느 귀용	6,000
19	예수 그리스도와의 친밀함	잔느 귀용	7,000
20	예수님을 닮은 삶의 능력〈개정판〉	프랜시스 프랜지팬	12,000
21	예수님을 향한 열정〈개정판〉	마이크 비클	12,000
22	잔느 귀용의 요한계시록〈개정판〉	잔느 귀용	13,000
23	인간의 7가지 갈망하는 마음	마이크 비클 & 데보라 히버트	11,000
24	저주에서 축복으로	데릭 프린스	6,000
25	주님, 내 마음을 열어 주소서	캐티 오츠 & 로버트 폴 램	9,000
26	지구상에서 가장 강력한 기도	피터 호로빈	7,500
27	축사사역과 내적치유의 이해 가이드	존 & 마크 샌드포드	20,000
28	출애굽기	잔느 귀용	10,000
29	하나님과 사람에게 더욱 사랑스러운 자	듀안 벤더 클럭	10,000
30	하나님과의 연합	잔느 귀용	7,000
31	하나님을 연인으로 사랑하는 즐거움	마이크 비클	13,000
32	하나님 마음에 합한 사람	마이크 비클	13,000
33	하나님의 아름다움을 바라보는 축복	허 철	10,000
34	하나님의 요새〈개정판〉	프랜시스 프랜지팬	9,000
35	하나님의 장군의 일기〈개정판〉	잔 G. 레이크	6,000
36	항상 배가하는 믿음〈개정판〉	스미스 위글스워스	13,000
37	항상 부족함이 없으리로다	롤랜드 & 하이디 베이커	8,000

번호	도서명	저자	가격
38	혼동으로부터의 자유	릭 조이너	5,000
39	혼의 묶임을 파쇄하라	빌 & 수 뱅크스	10,000
40	존 비비어의 회개〈개정판〉	존 비비어	11,000
41	금식이 주는 축복	마이크 비클 & 다나 캔들러	12,000
42	부활	벤 R. 피터스	8,000
43	거절의 상처를 치유하시는 하나님	데릭 프린스	6,000
44	존 비비어의 분별력〈개정판〉	존 비비어	13,000
45	통제 불능의 상황에서도 난 즐겁기만 하다	리사 비비어	12,000
46	어린이와 십대를 위한 축사사역	빌 뱅크스	11,000
47	빛은 어둠 속에 있다	패트리샤 킹	10,000
48	목적으로 나아가는 길	드보라 조이너 존슨	8,000
49	지도자의 넘어짐과 회복	웨이드 굿데일	12,000
50	하나님의 일곱 영	키이스 밀러	13,000
51	너희 지체를 의의 병기로 하나님께 드리라	허 철	8,000
52	세계를 변화시키는 능력	릭 조이너	12,000
53	왕의 자녀의 초자연적인 삶	빌 존슨 & 크리스 밸러턴	13,000
54	믿음으로 산 증인들	허 철	12,000
55	욥기	잔느 귀용	13,000
56	나라를 변화시킨 비전: 윌리엄 테넌트의 영적인 유산	존 한센	8,000
57	세상을 다스리는 권세의 회복	레베카 그린우드	10,000
58	창세기 주석	잔느 귀용	12,000
59	하나님의 강	더치 쉬츠	13,000
60	당신의 운명을 장악하라	알렌 키란	13,000
61	자살	로렌 타운젠드	10,000
62	그리스도인의 영적혁명	패트리샤 킹	11,000
63	초자연적 중보기도	레이첼 힉슨	13,000
64	나는 하나님의 음성을 듣는다	킴 클레멘트	11,000
65	하나님의 초자연적인 능력	바비 코너	11,000
66	사랑하는 하나님	마이크 비클	15,000
67	일곱 교회 이기는 자에게 주시는 축복	허 철	9,000
68	일터에 영광이 회복되다	리차드 플레밍	12,000
69	초자연적 경험의 신비	짐 골 & 줄리아 로렌	13,000
70	웃겨야 살아난다	피터 와그너	8,000
71	폭풍의 전사	마헤쉬 & 보니 차브다	13,000
72	천국 보좌로부터 온 전략	샌디 프리드	11,000
73	영향력	윌리엄 L. 포드 3세	11,000
74	속죄	데릭 프린스	13,000

순전한나드 도서목록

번호	도서명	저자	가격
75	신의 성품에 참예하는 자	허 철	8,000
76	예언, 꿈, 그리고 전도	덕 애디슨	13,000
77	아가페, 사랑의 길	밥 멈포드	13,000
78	불타오르는 사랑	스티브 해리슨	12,000
79	능력, 성결, 그리고 전도	랜디 클락	13,000
80	종교의 영	토미 펨라이트	11,000
81	예기치 못한 사랑	스티브 J. 힐	10,000
82	모르드개의 통곡	로버트 스턴스	13,500
83	1세기 교회사	릭 조이너	12,000
84	예수님의 얼굴〈개정판〉	데이비드 E. 테일러	13,000
85	토기장이 하나님	마크 핸비	8,000
86	존중의 문화〈개정판〉	대니 실크	13,000
87	제발 좀 성장하라!	데이비드 레이븐힐	11,000
88	정치의 영	파이살 말릭	12,000
89	이기는 자의 기름부으심	바바라 J. 요더	12,000
90	치유 사역 훈련 지침서	랜디 클락	12,000
91	헤븐	데이비드 E. 테일러	13,000
92	더 크라이	키스 허드슨	11,000
93	천국 여행	리타 베넷	14,000
94	파수 기도의 숨은 능력	마헤쉬 & 보니 차브다	13,000
95	지저스 컬처	배닝 립스처	12,000
96	넘치는 기름 부음	허 철	10,000
97	거룩한 대면	그래함 쿡	23,000
98	믿음을 넘어선 기적	데이브 헤스	10,000
99	영적 전쟁의 일곱 영	제임스 A. 더함	13,000
100	영적 전쟁의 승리	제임스 A. 더함	13,000
101	기적의 방을 만들라	마헤쉬 & 보니 차브다	12,000
102	개인적 예언자	미키 로빈슨	13,000
103	어둠의 영을 축사하라	짐 골	13,000
104	적그리스도의 영을 정복하라	샌디 프리드	13,000
105	성령님 알기	마헤쉬 & 보니 차브다	12,000
106	십자가의 권능	마헤쉬 & 보니 차브다	13,000
107	축복의 능력	케리 커크우드	13,000
108	하나님의 호흡	래리 랜돌프	11,000
109	아름다운 상처	룩 홀터	11,000
110	하나님의 길	덕 애디슨	13,000
111	천국 체험	주디 프랭클린 & 베니 존슨	12,000

번호	도서명	저자	가격
112	당신의 사명을 깨우라	M. K. 코미	11,000
113	기독교의 유혹	질 섀넌	25,000
114	우리가 몰랐던 천국의 자녀양육법	대니 실크	12,000
115	임재의 능력	매트 소거	12,000
116	예수의 책	마이클 코울리아노스	13,000
117	신앙의 기초 세우기	래리 크레이더	13,000
118	내 인생을 바꿔 줄 최고의 여행	제이 스튜어트	12,000
119	시간 & 영원	조슈아 밀즈	10,000
120	하이디 베이커의 사랑	하이디 & 롤랜드 베이커	13,000
121	하나님의 임재	빌 존슨	13,000
122	하나님의 갈망	제임스 A. 더함	14,000
123	형통의 문을 여는 31가지 선포기도	케빈 & 캐티 바스코니	5,000
124	춤추는 하나님의 손	제임스 말로니	37,000
125	참소자를 잠잠케 하라	샌디 프리드	13,000
126	영광이란 무엇인가?	폴 맨워링	14,000
127	내일의 기름부음	R. T. 켄달	13,000
128	영적 전투를 위한 전신갑주	크리스 밸러턴	12,000
129	성령을 소멸치 않는 삶	R. T. 켄달	13,000
130	초자연적인 삶	아담 F. 톰슨	10,000
131	한계를 돌파하라	샌디 프리드	13,000
132	블러드문	마크 빌츠	11,000
133	구약에서 일어난 모든 일들	윌리엄 H. 마티	13,000
134	신약에서 일어난 모든 일들	윌리엄 H. 마티	11,000
135	드보라 군대	제인 해몬	14,000
136	거룩한 불	R. T. 켄달	13,000
137	당신의 자녀를 향한 하나님의 65가지 약속	마이크 슈리브	8,000
138	무슬림 소녀, 예수님을 만나다	사마 하비브 & 보디 타이니	13,000
139	스미스 위글스워스의 병 고침(개정판)	스미스 위글스워스	12,000
140	뇌의 스위치를 켜라	캐롤라인 리프	13,000
141	약속된 시간	제임스 A. 더함	13,000
142	실패를 딛고 일어서는 믿음	샌디 프리드	12,000
143	스미스 위글스워스의 성령의 은사(개정판)	스미스 위글스워스	13,000
144	끝날 때까지 끝난 것이 아니다	R. T. 켄달	15,000
145	완전한 기억	마이클 A. 댄포스	10,000
146	금촛대 중보자들 1	제임스 말로니	15,000
147	마지막 때와 이슬람	조엘 리차드슨	15,000
148	질투	R. T. 켄달	14,000

순전한나드 도서목록

번호	도서명	저자	가격
149	사탄의 전략	페리 스톤	14,000
150	죽음에서 생명으로	라인하르트 본케	12,000
151	금촛대 중보자들 2	제임스 말로니	13,000
152	금촛대 중보자들 3	제임스 말로니	13,000
153	올바른 생각의 힘	케리 커크우드	12,000
154	부흥의 거장들	빌 존슨 & 제니퍼 미스코브	25,000
155	악의 삼겹줄을 파쇄하라〈개정판〉	샌디 프리드	12,000
156	지옥의 실체와 하나님의 열쇠	메리 캐서린 백스터	12,000
157	문지기들이여 일어나라	제임스 A. 더함	15,000
158	안식년의 비밀	조나단 칸	15,000
159	교회를 깨우는 한밤의 외침	R. T. 켄달	15,000
160	하나님의 시간표	마크 빌츠	12,000
161	사랑의 통역사	샨 볼츠	12,000
162	예루살렘의 평화를 위해 기도하라	탐 헤스	13,000
163	마이크 비클의 기도	마이크 비클	25,000
164	유대적 관점으로 본 룻기	다이앤 A. 맥닐	13,000
165	폭풍을 향해 노래하라	디모데 D. 존슨	13,000
166	영광의 세대	브루스 D. 알렌	15,000
167	영적 분위기를 바꾸라	다우나 드 실바	12,000
168	하나님을 홀로 두지 말라	행크 쿠네만	14,000
169	하나님이 디자인하신 완전한 나	캐롤라인 리프	20,000
170	대적의 문을 취하라〈개정증보판〉	신디 제이콥스	15,000
171	R. T. 켄달의 임재	R. T. 켄달	13,000
172	영성가의 기도	찰리 샴프	10,000
173	과거로부터의 자유〈개정판〉	존 로렌 & 폴라 샌드포드	14,000
174	하나님의 불	제임스 A. 더함	15,000
175	일상에 임한 하나님의 영광	브루스 D. 알렌	14,000
176	일곱 산에 관한 예언〈개정판〉	조니 엔로우	15,000
177	마지막 시대 마지막 주자	타드 스미스	13,000
178	주의 선하신 치유 능력	크리스 고어	13,000
179	건강한 생활 핸드북	로라 해리스 스미스	15,000
180	더 높은 부르심	제임스 말로니	12,000
181	레위기, 민수기, 신명기〈개정판〉	잔느 귀용	14,000
182	당신도 예언할 수 있다〈개정판〉	스티브 탐슨	14,000
183	생각하고 배우고 성공하라	캐롤라인 리프	15,000
184	기적을 풀어내는 예언적 파노라마	제임스 말로니	13,000
185	케빈 제다이의 초자연적 재정	케빈 제다이	14,000

번호	도서명	저자	가격
186	적그리스도와 마지막 때 분별하기	마크 빌츠	13,000
187	마음을 견고히 하라	빌 존슨	9,000
188	천국으로부터 받아 누리기	케빈 제다이	13,000
189	모든 것이 당신에게 유리하게 되어 있다	케빈 제다이	15,000
190	징조 II	조나단 칸	18,000
191	데릭 프린스의 교만과 겸손	데릭 프린스	10,000
192	유다의 사자	랍비 커트 A. 슈나이더	15,000
193	십자가의 왕도〈개정판〉	프랑소와 페늘롱	9,000
194	원뉴맨성경 신약	윌리엄 J. 모포드	50,000
195	하나님의 임재 안으로 들어가기	데릭 프린스	11,000
196	One Thing	샘 스톰스	15,000

One Thing
Developing a Passion for the Beauty of God

by Sam Storms

Copyright ⓒ 2004 by Christian Focus Publications

Published by Christian Focus Publications
Geanies House, Fearn, Ross-shire,
IV20 1TW, Scotland, Great Britain.

Korean Translation Copyright ⓒ 2021 by Pure Nard
2F 16, Eonju-ro 69-gil Gangnam-gu, Seoul, Korea

The Korean edition is published by arrangement with Christian Focus Publications.
All rights reserved.

본 저작물의 한국어판 저작권은 Christian Focus Publications와의 독점 계약으로 '순전한 나드'가 소유합니다.
저작권자의 허락 없이 이 책의 일부 또는 전체를 무단 복제, 전재, 발췌하면 저작권법에 의해 처벌을 받습니다.

One Thing

초판 발행 | 2022년 7월 20일

지 은 이 | 샘 스톰스
옮 긴 이 | 이재진

펴 낸 이 | 허철
책임편집 | 김선경, 김혜진
디 자 인 | 이보다나
총 괄 | 허현숙
제 작 | 김도훈
인 쇄 소 | 예원프린팅

펴 낸 곳 | 도서출판 순전한 나드
등록번호 | 제2010-000128
주 소 | 서울특별시 강남구 연주로69길 16, (역삼동) 2층
도서문의 | 02) 574-6702
팩 스 | 02) 574-9704
홈페이지 | www.purenard.co.kr

ISBN 978-89-6237-376-9 03230